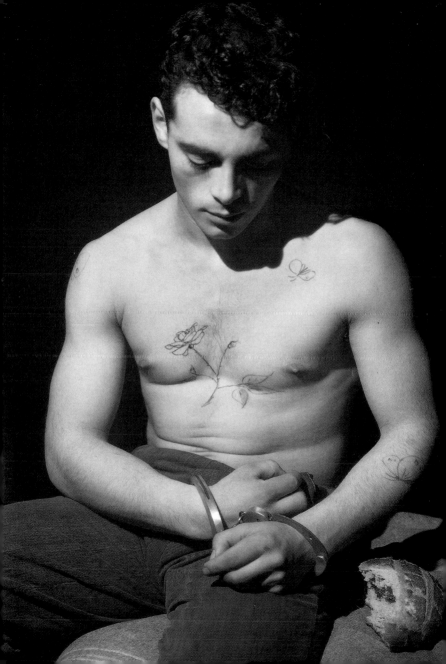

LA LONGUE MARCHE DES GAYS

Frédéric Martel

DÉCOUVERTES GALLIMARD
CULTURE ET SOCIÉTÉ

Longtemps l'homosexualité a été un destin et rarement un choix. Longtemps les homosexuels n'ont pas eu d'histoire collective, pas davantage d'histoire politique ou sociale, presque jamais d'espaces à eux. Les parcours individuels restaient marqués par la solitude, sinon la clandestinité, voire la double vie. Ainsi, jusque dans les années 1960, l'histoire des homosexuels, en Europe comme aux États-Unis, semble avoir été effacée. Niée.

CHAPITRE 1

LE REFUGE DE LA CULTURE

L'art et la littérature constituent un résumé saisissant de l'histoire de l'homosexualité. Les livres (à gauche, Cocteau avec un portrait de Colette), la peinture (ci-contre, *Le Turban vert* de Tamara de Lempicka), plus tard le cinéma, ont été des refuges. Autant d'œuvres qui disent les « amitiés particulières » ou les passions n'osant pas dire leur nom, et sont la trace la plus visible de l'« histoire secrète » des homosexuels.

Les traces d'une histoire oubliée

Comme mot et comme concept, l'homosexualité est une affaire récente. Confondue sous l'Antiquité avec l'amitié, la bisexualité, voire la pédérastie, elle n'est dénoncée – donc définie comme pratique – que peu à peu avec le christianisme et finalement nommée à la fin du XIXe siècle.

Pour tenter de retracer cette histoire oubliée et éparse, plusieurs approches sont possibles. On peut le faire sous l'angle de la vie privée, en s'intéressant aux individus dans la sphère familiale, aux âges de la vie, aux différences de sexes. Cette approche a le mérite de permettre une plus grande visibilité des pratiques amoureuses féminines, saphiques et lesbiennes, qui ont été longtemps moins apparentes, moins connues et qui ont généralement été moins condamnées.

Plus tristement, il est possible de reconstituer l'histoire des « homosexuels » à partir de l'histoire du droit, de la police, de la psychiatrie ou des châtiments : la vie des homosexuels tend à se résumer alors à une succession de sévices, d'humiliations, de procès et, à certaines périodes, d'exécutions pour « crime de sodomie ». En 1783 encore, un religieux français qui avait commis un acte sexuel avec un homme est brûlé vif après qu'on lui eut rompu les membres. Plus proche de nous, et moins dramatiquement, nombre d'homosexuels se souviennent des arrestations nocturnes opérées par la « Brigade mondaine ». Autant de souvenirs, d'images, qui hantent, aujourd'hui encore, la mémoire des femmes et des hommes homosexuels.

Plus classiquement, il est possible, pour retracer la vie des homosexuels au cours des âges, de suivre l'histoire de l'art et de la littérature, la culture constituant un bon repère pour une « histoire de la sexualité » puisqu'elle a souvent permis de montrer et de dire ce que la société se refusait de voir.

Dans tous les cas, et quelle que soit l'approche suivie, il faut à la fois forger des techniques

Survivance immobile des statues : ci-dessous, le jeune Antinoüs, favori de l'empereur Hadrien. Marguerite Yourcenar retracera dans *Mémoires d'Hadrien* l'histoire de ce prince qui s'éprit d'un esclave grec d'une beauté angélique et en fit, après son suicide, l'égal des dieux.

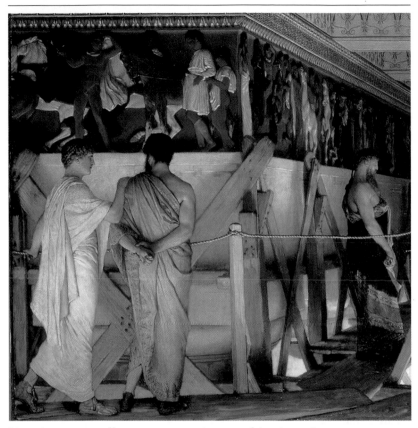

historiques nouvelles pour construire cette histoire autonome et emprunter aux différentes disciplines existantes pour espérer avoir une vision d'ensemble. Sans parler de la faiblesse des sources.

Une autre façon d'envisager l'histoire de l'homosexualité est de la suivre du point de vue des « amitiés particulières ». Les exemples abondent alors : le couple mythologique formé par Zeus et Ganymède, les guerriers Achille et Patrocle dans l'*Iliade*, l'empereur Hadrien et le jeune esclave Antinoüs, les amants ambigus de Michel-Ange, plus tard les « amitiés » du *Marchand de Venise* de Shakespeare, le « parce que c'était lui, parce que

Amitié, bisexualité, affinités électives (ci-dessus dans la Grèce antique), expérience pédagogique, l'homosexualité n'existe pas en tant que telle avant la fin du XIXᵉ siècle. Comme le pensait le philosophe Michel Foucault, il y avait bien des actes homosexuels, mais pas d'homosexuels, des pratiques mais pas d'identité.

c'était moi » de Montaigne et La Boétie, l'attraction-répulsion de Rimbaud et Verlaine ou de Oscar Wilde et lord Douglas... Les mythes saphiques ne sont pas moins légendaires, depuis la confrérie de Sapho sous l'invocation d'Aphrodite et des muses, jusqu'aux « salons de la rive gauche » où se croisaient, sous les auspices de Natalie Clifford Barney (surnommée l'Amazone), Colette et sa compagne Missy, ou encore Gertrude Stein et Alice Toklas. Plus récemment, la vie retirée à « Petite Plaisance » (Maine, États-Unis) de Marguerite Yourcenar et son amie Grace Frick reste un symbole vivant de ces relations particulières. Le philosophe Michel Foucault a montré combien essentielles étaient ces « amitiés » dans l'histoire : des amitiés comme mode de vie, même quand elles ne disaient pas leur nom.

Le souci de soi, le souci des mots

Le vocabulaire a son importance et une autre histoire est possible (certains l'ont écrite) en suivant l'évolution des mots. Comment les homosexuels

Les textes bibliques sur l'homosexualité sont rares ou contradictoires, mais souvent hostiles. Les « sodomites », exclus du royaume de Dieu, sont inscrits avec les prostitués, les ivrognes et les voleurs sur la liste des « damnés » (ci-dessus, un détail du *Jugement dernier* de Giotto). L'interprétation de la Bible sur la question homosexuelle a cependant fait l'objet d'études érudites plus nuancées (*Christianisme, tolérance sociale et homosexualité* de John Boswell, ou *Les Fonctionnaires de Dieu* d'Eugen Drewermann).

se sont-ils appelés ? Comment ont-ils été nommés ? La succession des qualificatifs – innombrables – est très instructive : « bougre » (au XIVe siècle), « bardache » (pour évoquer l'homosexualité passive jusqu'à la fin du XVIIIe siècle), « antiphysique » (XVIIIe siècle), « uraniste » (XIXe siècle)… Sans parler des expressions imagées et plus ou moins heureuses, depuis les « gens de la manchette » jusqu'aux « gens de la jaquette flottante ».

Quant aux femmes adeptes des plaisirs saphiques, on les nomme « tribades », « bougresses », « fricatrices », ou encore « belettes », avant que s'imposent les termes « gouines » et surtout « lesbiennes ».

Les icônes homosexuelles, imposées ou librement choisies, sont autant d'images illustrant les mutations de l'amour « du même » à travers les âges. Avec l'adolescent Ganymède aimé de Zeus et l'esclave Antinoüs aimé de l'Empereur, saint Sébastien (ci-contre, par Guido Reni) est l'une des légendes mythologiques aimées des gays. Martyrisé pour sa foi chrétienne et symbole du prosélyte par excellence, saint Sébastien aurait été condamné par Rome vers 288 à mourir percé de flèches. D'autres légendes lui prêtent le pouvoir d'arrêter les épidémies. Barbu, aux cheveux grisonnants et d'âge mûr dans l'Antiquité, ce saint militaire, patron des pestiférés, prend, au Moyen Âge, les allures d'une figure juvénile. C'est cette image qui triomphe dans la Renaissance italienne (Botticelli, Piero della Francesca) où il devient un personnage envoûtant : le beau jeune homme criblé de flèches. Saint Sébastien symbolise depuis l'amour du beau et la punition, la liberté et la faute, la jeunesse et le châtiment.

Aujourd'hui mixte, le terme homosexuel, lui-même, n'apparaît qu'à la fin du XIXᵉ siècle, vraisemblablement introduit en 1869 par Karoly Maria Kertbeny, pseudonyme de l'écrivain et médecin hongrois K. M. Benkert. Le néologisme, proche du jargon médical, et quelque peu « bâtard » avec sa construction mi-grecque (*homos*, semblable), mi-latine (*sexualis*), a connu le succès international que l'on sait, au point de devenir d'emploi courant. Il remplace peu à peu les allusions, souvent utilisées par les homosexuels eux-mêmes, contraints de vivre en société secrète, et d'utiliser des expressions codées, telles que « en être » (fréquente chez Proust) ou « avoir des tendances ». André Gide, pour sa part, a proposé dans son *Journal*

une distinction subtile mais aujourd'hui désuète : le pédéraste (qui aime les jeunes gens, en tout cas les hommes plus jeunes que lui), le sodomite (qui aime pénétrer les hommes) et l'inverti (qui aime être pénétré). Une époque.

Après l'apparition de mots comme « homophiles » (néologisme pudique utilisé notamment par la première association homosexuelle française, Arcadie, dans les années 1950), on a vu surgir le terme « homosensuel » de l'écrivain Yves Navarre dans les années 1970, puis celui de « folle », et surtout de « pédé », à l'origine de l'ordre de l'insulte mais renversé ensuite, autodénigrement salutaire, par les militants des années 1970. Pour les femmes,

Les images lesbiennes sont moins repérables, et souvent moins explicites, que leur équivalent masculin. Parmi elles, la figure antique de Sapho (ci-dessus) domine cependant. La poétesse grecque, qui vécut sur l'île de Lesbos où elle fonda une confrérie de jeunes filles (d'où le nom de lesbienne), fit scandale à cause de ses amours interdites.

L'histoire de la représentation de l'homosexualité depuis le XVIIIᵉ siècle est faite d'icônes mais aussi de clichés. Très tôt, les homosexuels ont été peints sous un aspect androgyne ou efféminé (ci-contre, *Deux jeunes hommes*, de Jean-Baptiste Augustin). À la fin du XIXᵉ et dans la première moitié du XXᵉ siècle, l'imagerie abonde encore de tableaux ou de photographies où l'homosexuel, tel qu'on le caricature ou tel qu'il se rêve, se féminise outrageusement : il ose les manteaux en fourrure, les bottines, multiplie les bracelets. Cette tendance persistera jusque dans les années 1950 où, fragiles et ambigus, cheveux ondulants ou décolorés, adeptes du naturisme et des sous-vêtements hygiénistes, les homosexuels sont encore trop maniérés pour ne pas être équivoques. L'androgynie reste ainsi une composante majeure de l'homosexualité jusque dans les années 1960.

le terme « lesbienne » se généralise, en dépit des critiques de certaines féministes plus égalitaristes. C'est aussi à cette époque que le terme d'origine américaine « gay » apparaît en Europe : francisé (le journal *Gai Pied*) ou non (la marche annuelle de la Gay Pride), ce mot neutre et non péjoratif se répand fortement à la fin des années 1970. Les termes « queen » (folle) et surtout « queer » (bizarre, construit en opposition à « straight », droit, régulier), s'ils ne sont pas encore très répandus en France, témoignent toutefois du souci des homosexuels de se nommer. Parallèlement, ils confirment aussi que le vent de la libération gay souffle d'Amérique depuis les années 1960.

La littérature comme militantisme

En recherchant les traces de l'histoire collective
des homosexuels, « histoire secrète » pour reprendre
le mot de Marguerite Yourcenar, il apparaît que
c'est bien dans l'art et la littérature, au moins jusqu'à
la fin des années 1960, que les sources sont les plus
nombreuses et les matériaux les plus riches. Les
livres, la peinture aussi, plus tard le cinéma, ont été
des refuges, des sortes d'abris. Sous des formes
diverses, c'est donc d'abord la littérature qui a hébergé
le militantisme homosexuel, la rubrique « livres »
en étant souvent une véritable caisse de résonance.
Et quand les premières associations ont vu le jour
– le groupe de Magnus Hirschfeld en Allemagne ou
le mouvement Arcadie en France –, il s'agissait
d'abord d'activités culturelles : une bibliothèque
pour celui-là, une association d'écrivains organisant
des débats littéraires pour celui-ci.

Car la puissance de la littérature fut longtemps
sans rivale. Elle permettait de tout dire :
la marginalité, la souffrance, la solitude – la révolte

Dans les années 1920,
à la belle époque de
Montparnasse, des
lesbiennes fréquentent
le Monocle, un cabaret
« pour femmes »
(ci-dessus, vers 1930).

aussi. Elle a longtemps offert à nombre d'homosexuels des « compagnons » d'infortune, et procurait quelque satisfaction lorsque les lecteurs découvraient que les bergères de Virgile étaient en fait des bergers, qu'Albertine et Saint-Loup de la *Recherche du temps perdu* avaient finalement des « mauvaises mœurs » et que les « cueilleuses de branches » des romans d'Henri de Montherlant étaient en réalité… de jeunes éphèbes arabes. Il y avait aussi une espèce de fierté, sinon d'orgueil rentré, à découvrir lentement qu'André Gide et Marcel Jouhandeau, Jean Cocteau et Colette, Jean Genet et Marguerite Yourcenar, bref quelques-uns des plus grands écrivains de l'époque, étaient homosexuels.

Il est difficile d'imaginer aujourd'hui ce que furent sans doute les conversations infinies des homosexuels entre eux se racontant le procès injuste d'Oscar Wilde, leurs débats incessants sur les moindres détails allusifs de *Sodome et Gomorrhe*

mannie van moppes

L'affirmation saphique puis « gay » sera précocement anglo-saxonne (ci-contre, un bal à Harlem). Encore discrètes, les écrivains américaines Gertrude Stein et Alice Toklas (ci-dessus) s'exilent en France. Mais le salon parisien d'une autre Américaine surnommée l'Amazone (Natalie Clifford Barney, page suivante) est beaucoup plus explicite, tout comme certains textes des romancières britanniques Virginia Woolf, Vita Sackville-West et Violet Trefusis. Quant à Oscar Wilde (page suivante, avec lord Alfred Douglas, vers 1894), il est devenu le symbole par excellence de la visibilité homosexuelle.

ou leur émotion contenue face au courage inouï de Gide lorsqu'il écrivit son petit traité sur l'homosexualité, *Corydon*. Les lesbiennes, de leur côté, s'étaient familiarisées avec la Claudine de Colette ou se racontaient la vie rêvée des « femmes de la rive gauche ». Les traces de l'histoire des homosexuels se cachent sans doute dans cette profusion littéraire, quelque part entre *Le Banquet* de Platon et l'*Essai sur la pédérastie* de Bentham, entre les *Sonnets* de Shakespeare et les *Essais* de Montaigne, entre *Maurice* de E. M. Forster et les ouvrages de Gertrude Stein, Alice Toklas ou Virginia Woolf. Il faut remonter aux sources, aux récits à clés d'Aragon, aux culpabilités de Julien Green, aux « incidents » de Roland Barthes qui sont autant de « lieux de mémoire ».

Pourtant, ce grand récit culturel épique, qui mérite d'être recomposé en détail, est pour une large part une fable. La littérature fut un abri précaire et offrait rarement les conditions d'une vie épanouie. Surtout, la culture n'atteignait qu'une minorité de personnes, les gens aisés ou du moins les populations lettrées. Les ouvriers ne lisaient guère, les condamnés pour sodomie ne connaissaient pas le nom de Wilde, ceux qui furent brûlés vifs n'ont pas su que les bergères de Virgile étaient en réalité des bergers. La littérature n'a pas empêché l'homophobie, pas non plus la solitude, la honte ni la double vie. Elle n'a jamais suffi.

André Baudry et Arcadie

En 1948, André Baudry a bien conscience des limites d'une approche littéraire et individuelle de l'homosexualité. Ancien séminariste féru de culture classique, il a l'idée alors de créer un lieu collectif : Arcadie. Des écrivains se réunissent autour de lui pour faire une revue du même nom (Roger Peyrefitte, André du Dognon, Jacques de

L'amour entre garçons au pensionnat religieux, des scènes de tendresse voilées, une idylle innommée, et une conclusion par le suicide sur fond de catholicisme larmoyant, tels sont les thèmes du roman de Roger Peyrefitte, *Les Amitiés particulières* (ci-dessous porté à l'écran en 1964 par Jean Delannoy). Avec Henri de Montherlant, Marcel Jouhandeau, Julien Green, François Mauriac et André Gide, la figure de l'écrivain chrétien tourmenté par l'homosexualité a toujours été un grand classique.

Ricaumont), des discussions littéraires s'engagent. Mais très vite, Baudry décide d'étendre cette raison sociale, cantonnée à un salon d'écrivains, et il ouvre, en 1957, un club privé où l'on commence à danser entre hommes. Malgré ce qui lui en coûte, André Baudry, pétri de catholicisme, ferme les yeux sur les petits baisers en public... Car Arcadie restera, jusqu'à sa dissolution en 1982, une association austère où la discrétion et la « retenue » sont de rigueur. Un moralisme teinté de culpabilité y régnera jusqu'à la fin, André Baudry refusant pour son club, comme pour sa revue, et en des termes qui font aujourd'hui sourire, « les photos un peu olé olé, les articles un peu légers, les parties de jambes en l'air ». L'alibi culturel perdurera également, ce qui a permis à des écrivains aussi différents que Jean-Louis Bory, Yves Navarre, Matthieu Galey ou Jean-Louis Curtis, et probablement au philosophe Michel Foucault, d'y venir en toute discrétion.

Véritable préhistoire du mouvement gay français, l'association Arcadie apparaît avec le recul comme une franc-maçonnerie honteuse, partagée entre la haine de soi et l'exaltation de soi (André Baudry, ci-dessus, caricaturé dans le journal *Gai Pied* en 1982). Ce mouvement « homophile » fut néanmoins prémonitoire et audacieux : avant 1974, la majorité sexuelle était fixée à vingt et un ans, toute relation homosexuelle entre un adulte et un mineur était punie d'emprisonnement et une ordonnance permettait la fermeture des établissements où les hommes dansaient entre eux. Jusqu'aux années 1970, les lieux homosexuels seront d'ailleurs des clubs privés : Chez Graff, le Fiacre, le Sept à Paris ou, par exemple, l'Astor Bar à New York (double page suivante, dans les années 1940).

Écrivain et critique de cinéma, Jean-Louis Bory est l'une des figures majeures du militantisme homosexuel des années 1960 et 1970. Le premier, il réclame pour les gays le « droit à l'indifférence » (ci-contre, Bory avant l'émission « Les Dossiers de l'écran », le 21 janvier 1975, en compagnie du jeune romancier Yves Navarre). Ni honteux, ni fier, Bory dit simplement une réalité : sa réalité d'homme qui aime les hommes. Entre les « homophiles » d'Arcadie des années 1950 et les gays révolutionnaires d'après Mai 68, Bory reste une sorte de passeur singulier : celui qui a permis a beaucoup d'appréhender, sinon d'assumer, leur homosexualité et de rêver à un bonheur moins impossible. À ce titre, il demeure l'un des symboles majeurs de la libération gay.

Mais le grand succès d'Arcadie – et sa reconnaissance – vint tardivement lorsque l'avocat Robert Badinter y prononça une conférence publique en 1980, rassemblant près de 900 personnes, peu avant l'autodissolution du mouvement.

«Je ne plaide pas, j'informe»

De Baudry à Bory, il n'y a que quelques lettres de différence, mais la rupture marque un véritable changement d'époque. Le parcours de Jean-Louis Bory, infatigable militant de la banalisation du fait homosexuel, a beau être solitaire et atypique, il n'en a pas moins marqué durablement les esprits.

Homme de gauche et écrivain, ancien résistant, critique de cinéma au *Nouvel Observateur*, figure légendaire de l'émission « Le Masque et la Plume » sur Paris Inter (aujourd'hui France Inter), Jean-Louis Bory a débuté sa carrière par un coup d'éclat : le prix Goncourt à vingt-six ans, en 1945, pour *Mon village à l'heure allemande*. Dans les années 1960, il publie plusieurs romans dans lesquels l'homosexualité latente de ses personnages apparaît de plus en plus clairement. À l'occasion, il reprend même la célèbre formule de Simone de Beauvoir en l'appliquant à sa propre spécificité : « On ne naît pas homosexuel, on le devient. »

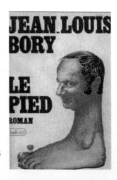

Peu à peu, et peut-être à son corps défendant, Bory apparaît comme le porte-parole des homosexuels, multipliant les émissions et interviews et répétant inlassablement son message : « Ni honte, ni prosélytisme. » Son influence se mesure à travers ce militantisme quotidien, fait de persuasion, d'écoute et de déculpabilisation. Obsédé par la condition de l'homosexuel de province, solitaire et isolé, c'est toujours à lui qu'il s'adresse ; à lui qu'il consacre tous ses livres et ses interventions télévisées (il lui arrivera fréquemment de lire des lettres d'anonymes vivant dans des petites villes de France). Il invente ainsi une nouvelle voie entre l'homosexualité respectable et un peu honteuse d'Arcadie et l'homosexualité de boulevard, façon *La Cage aux folles*, qui est alors omniprésente dans les théâtres (et que Jean-Luc Godard épinglera dans *Masculin, féminin* et surtout dans *La Chinoise*). « Je ne plaide pas, j'informe », répète Bory.

Avec ses personnages étalés, rétractés ou convulsés et ses fragments de corps ou ses images tremblées, l'œuvre de l'artiste anglais Francis Bacon est facilement reconnaissable.

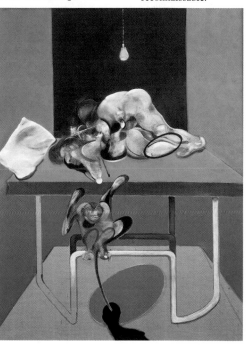

Reste que son combat fut essentiellement individuel, Bory n'ayant jamais prétendu fédérer autour de lui des activistes ni structurer un quelconque mouvement collectif.

Bory se suicide le 11 juin 1979. Avec sa mort, une période s'achève. L'homosexualité était un problème de mœurs, elle devient une question de société. Elle se vivait en solitaire, elle va s'inscrire désormais dans une mouvance collective. Et les écrivains sont bientôt supplantés par les militants. Il faut dire qu'entre-temps il y a eu Mai 68.

L'homosexualité y tient une place singulière, quelquefois assumée et souvent sublimée : des amants enlacés et menacés, des êtres angoissés et solitaires, des rapports hasardeux et non homologués (ci-dessus, *Deux figures avec un singe*, 1975). Un précurseur.

Dans l'histoire de la « libération » homosexuelle, les années 1968-1969 constituent une rupture majeure. L'homosexualité s'exprimait plutôt à droite, elle passe à gauche – et même à l'extrême gauche. Elle se vivait la nuit, elle apparaît en plein jour. Elle était une affaire privée, elle devient une question publique. La révolution culturelle en cours est américaine. Les homosexuels sont en train de devenir des « gays ».

CHAPITRE 2

L'HOMOSEXUALITÉ, CE « DOULOUREUX PROBLÈME »

À la fin des années 1960, la libération sexuelle est dans l'air du temps. Nourrie par le cinéma et l'art (ci-contre, un dessin de Copi), elle s'inscrit tout à coup dans un mouvement révolutionnaire. Aux États-Unis (page de gauche, une de *Time* le 31 octobre 1969), puis en France.

Stonewall

L'acte de naissance « officiel » du
mouvement homosexuel porte
un nom et une date : Stonewall,
27 juin 1969. Cet événement
romantique, qualifié par
l'écrivain américain Edmund
White de « prise de la Bastille »
pour les gays, est commémoré
chaque année à travers le monde,
lors de la traditionnelle Gay
Pride le dernier samedi de juin.
Que s'est-il passé cette année-là ?
Durant la nuit du 27 juin 1969,
six officiers du New York Police
Department (NYPD) pénètrent
à l'intérieur d'un petit bar
homosexuel de Manhattan,
le Stonewall Inn, au numéro 53
de Christopher Street, dans
le « Village », *downtown*.
Comme d'habitude, ce contrôle
de routine antihomosexuels
se traduit par des vérifications
d'identité, des personnes passées
à tabac et finalement une
fermeture administrative du
club. Pour la première fois
cependant, les clients, majoritairement afro-
américains et portoricains, se rebellent. Endeuillés
par la mort de leur idole, la chanteuse Judy Garland,
les homosexuels new-yorkais réagissent : les
renforts de police sont accueillis à coups de
briques... et de talons aiguilles. La première à avoir
lancé une bouteille sur l'un des policiers serait – les
militants et les historiens le tiennent généralement
pour acquis – Sylvia Rivera, un flamboyant travesti !

Trois nuits d'émeutes suivent. Et s'étendent au
quartier. C'en est fini de l'attitude passive et
silencieuse des homosexuels qui « rasent les murs » :
les voici qui passent à l'offensive et « sortent du
placard » *(to come out of the closet)*. Un symbole.

Manhattan,
Greenwich Village,
27 juin 1969 : c'est
ce jour-là, dans ce bar,
le Stonewall Inn
(ci-dessus), que naît
le mouvement
homosexuel mondial.
« Full moon over the
Stonewall », titre peu
après le journal
The Village Voice.
L'événement a été
qualifié par l'écrivain
américain Edmund
White de « prise de la
Bastille » pour les gays.

Over The Stonewall

De Stonewall à Ménie Grégoire

En France aussi, les choses évoluent rapidement autour de Mai 68. « Vivre sans temps morts et jouir sans entraves » prophétise, déjà, en 1967, une célèbre brochure (« De la misère en milieu étudiant »). Durant le mois de mai, les murs parisiens – et les pissotières – se couvrent de slogans appelant à la libération sexuelle radicale. « Plus je fais l'amour, plus je fais la révolution », « Le pouvoir est au bout du phallus », « Inventons de nouvelles perversions sexuelles ».

Passé inaperçu dans la tourmente de 68, un minuscule et mystérieux « Comité d'action pédérastique révolutionnaire », depuis mythifié, tente, dans la Sorbonne occupée, de coller huit affiches manuscrites qui dénoncent la répression des homosexuels et appellent au soulèvement des « pédérastes honteux ». Les affiches sont toutefois immédiatement déchirées par les gauchistes

Dans la foulée de Stonewall 1969, la libération homosexuelle américaine atteint les capitales européennes. « Nous ne jouissons plus dans le système » proclame un tract en 1971. « À bas les hétéros-flics », « Jouissez sans entraves », crient les militants. Des réactions similaires ont lieu à Bonn, à Amsterdam ou à Rome (page suivante, à Londres en 1971). Dès lors, chaque année, les événements de Stonewall seront commémorés à travers le monde par une Gay Pride le dernier samedi de juin (ci-dessous, premier anniversaire de Stonewall fêté à New York, le 29 juin 1970).

Les militants homosexuels investissent, pour la première fois en 1971, le traditionnel défilé syndical du 1er mai (ci-dessus). Cette « infiltration », qui sera critiquée (les militants CGT s'y opposent au motif que « c'est une tradition étrangère à la classe ouvrière ») perdurera jusqu'en 1977. Cette année-là, le 25 juin, a lieu la première Gay Pride autonome en France.

« hétéros-flics » qui ne veulent pas voir salir leur révolution !

Il faut donc attendre encore trois ans pour qu'ait lieu un véritable « Stonewall » français, lequel se produira finalement sur les ondes. Pour être moins radical que la révolte new-yorkaise, l'événement n'en est pas moins spectaculaire. Le 10 mars 1971, la célèbre animatrice Ménie Grégoire a organisé un débat, en direct sur RTL, autour du thème « L'Homosexualité, ce douloureux problème ». Ses invités (un abbé, un psychiatre, un juge et... les Frères Jacques !) débattent de la « souffrance » des homosexuels lorsque, tout à coup, un groupe d'homosexuels fait irruption aux cris de : « Ce n'est pas vrai, on ne souffre pas ! », « Les travestis avec nous ! », « Nous sommes un fléau social ! », « À bas les hétéros-flics ! ». Le programme de RTL est brutalement interrompu et la chaîne se met à diffuser le générique de l'émission : *La Petite Cantate* de Barbara !

Interviewée après s'être enfuie dans les vestiaires, Ménie Grégoire, un verre de scotch à la main, aura ce mot éloquent : « Je ne me suis pas trompée, le sujet est brûlant. »

Libération des femmes : année zéro

Brûlant, c'est le moins que l'on puisse dire ! En ce début des années 1970, la question de la libération sexuelle est dans l'air et les lesbiennes ne sont pas en reste. Ce sont elles, au sein du Mouvement de libération des femmes (MLF), qui ont eu l'idée de ce commando contre Ménie Grégoire. Elles ont aussi déposé une gerbe sur la tombe du soldat inconnu, à l'Arc de triomphe, avec pour slogans : « Un homme sur deux est une femme » et « Il y a plus inconnu encore que le soldat : sa femme ». À cette époque, elles occupent l'École des beaux-arts, organisent des meetings et des opérations éclairs en faveur de l'avortement. Les homosexuels les côtoient et c'est dans cette complicité que naît, au printemps 1971, le premier groupe gay radical : le Front homosexuel d'action révolutionnaire (FHAR).

C'est un fait commun aux mouvements gays américain et français que d'avoir puisé leurs racines dans le féminisme. Pour s'affirmer, les lesbiennes devaient nécessairement mener deux combats qu'elles ont tenté de concilier : un combat féministe pour obtenir la parole en tant que femmes (contre les hommes), un combat lesbien pour affirmer leurs droits en tant qu'homosexuelles (contre les femmes hétérosexuelles, avec les homos). Cette affirmation d'une singularité lesbienne n'allait pas de soi. Cependant, comme le montre l'histoire du mouvement gay français, c'est bel et bien au sein du MLF que les hommes homosexuels sauront s'affirmer au départ, et trouver des modèles, avant de voler de leurs propres ailes.

Si cette collaboration entre « alliés objectifs » s'est accompagnée de tensions et de malentendus, et si, finalement, les gays se sont émancipés des mouvements de femmes, cette proximité initiale a eu le mérite de mettre l'accent sur les différentes formes de discriminations sexuelles et explique

En 1971, les féministes du MLF se retrouvent chaque jour pour lutter contre la misogynie et les « phallocrates ». Elles fréquentent assidûment les assemblées générales enfumées de l'École des beaux-arts ; mènent des actions éclairs contre les journaux machistes ; font leurs premières manifestations de rue (ci-dessous, le 6 juin 1971, devant un monument aux mères érigé sous Pétain). Parmi elles, nombre de lesbiennes se mobilisent et bientôt apparaissent au grand jour.

Simone de Beauvoir, la compagne de Sartre, auteur du *Deuxième Sexe*, devient, dans les années 1970, la figure tutélaire du féminisme français. Elle sera de toutes les « manifs » (ci-dessus, lors d'un rassemblement du MLF à Vincennes en 1973), parlera dans tous les meetings, distribuera d'innombrables tracts... Parallèlement, Beauvoir se montrera sensible à la problématique homosexuelle et, jusqu'à sa mort en 1986, signera nombre de pétitions pour défendre leurs droits et réclamer la dépénalisation de l'homosexualité auprès de plusieurs gouvernements étrangers.

les similitudes dans les mobilisations « antipatriarcales » de cette époque. Les femmes comme les homosexuels (et les lesbiennes à plus forte raison) ont choisi de s'opposer à la famille traditionnelle, au mariage, à la fidélité bourgeoise et au « machisme ». D'abord unis, puis éloignés, les mouvements de libération sexuelle ont finalement joué un rôle parallèle majeur dans l'évolution des mœurs.

« Je m'appelle Guy Hocquenghem. J'ai 25 ans »

« Le désir de dominer les femmes et la condamnation de l'homosexualité ne font qu'un. » Dans une interview retentissante au *Nouvel Observateur*, le 10 janvier 1972, un jeune militant du FHAR d'une beauté angélique, cheveux bouclés et pull-over lâche, résume ainsi l'enjeu des débats. Cet étudiant se nomme Guy Hocquenghem. Il dit « je », apparaît au grand jour, et son histoire prend un sens collectif sous le titre : « La Révolution des homosexuels ».

Étudiant maoïste et militant du FHAR, Guy Hocquenghem (ci-dessus) devient au cours des années 1970 le plus célèbre activiste gay français. S'il milite pour des candidats gays aux élections (ci-dessous, un tract de Copi en 1978), il s'est surtout attaché à repenser la question homosexuelle d'un point de vue théorique. Ses dizaines d'articles et ses nombreux livres et pamphlets en témoignent. Dans les années 1980, plus amer et plus radical encore, il publiera plusieurs romans. Une œuvre que sa mort, des suites du sida en 1988, laisse inachevée.

« L'homosexualité, c'est ce par quoi j'ai été opprimé... La honte de nous-mêmes commence [avec les] parents, continue avec les amis et les camarades... Nous sommes tous mutilés dans un domaine que nous savons essentiel à nos vies, celui qu'on appelle le désir sexuel ou l'amour... Alors, on peut commencer par essayer de dévoiler ces désirs que tout nous oblige à cacher, car personne ne peut le faire à notre place. » C'est ce qu'Hocquenghem fait : il parle, et son histoire est celle de tous les homosexuels. Il est tour à tour honteux et fier, mélange instable de culpabilité et de révolte – chemin classique vers les utopies révolutionnaires.

Révolution ? Hocquenghem sort de la clandestinité en faisant ce qu'on appelle aujourd'hui son *coming out* (dire que l'on est homosexuel). « D'un côté, la vie militante, la révolution. De l'autre, la vie affective, l'homosexualité », résume-t-il encore dans cette interview. Étudiant communiste puis trotskiste, et bientôt maoïste, il lit Fourier, Reich et Marcuse, déjà Deleuze et Sartre, bientôt Foucault et Barthes. Hocquenghem est un produit exemplaire de ce qu'on appellera, dans un raccourci saisissant, la « pensée 68 ».

Peu à peu, ce jeune étudiant en philosophie devient la figure emblématique du FHAR. Il coordonne aussi des dossiers provocants dans les revues gauchistes, comme le célèbre numéro 12 de *Tout !* intitulé « Oui, notre corps nous appartient ! » ou le fameux dossier de la revue *Recherches* baptisé « Trois milliards de pervers ».

Lorsque le FHAR se dissout vers 1973, Hocquenghem continue le combat pour la libération gay à travers de nombreux articles (notamment à

« Droit à l'homosexualité et à toutes les sexualités » peut-on lire en couverture du numéro 12 de la revue *Tout !* le 23 avril 1971 (ci-dessus). Patronné par Jean-Paul Sartre, le journal est consacré pour la première fois à la sexualité et aux homosexuels. De nombreuses illustrations montrent des corps masculins nus et des petites culottes. Le succès est immédiat : plus de 50 000 exemplaires vendus... et retentissant : Sartre est inculpé pour « outrage aux bonnes mœurs », et le journal saisi. Mais un procès historique va lui donner raison.

Libération où il devient journaliste) mais aussi par des ouvrages théoriques importants qui font date (*Le Désir homosexuel* en 1972, *La Dérive homosexuelle* en 1977). C'est ainsi qu'il sera, tout au long des années 1970, le plus célèbre militant gay français, auteur d'une œuvre radicale, audacieuse et déterminante, tout entière enroulée autour du combat révolutionnaire en faveur de l'homosexualité.

Peu sensible encore aux revendications antidiscriminatoires, guère réformateur et pas non plus « communautaire », mot alors anachronique, le mouvement homosexuel tel que le conçoit Hocquenghem se veut gauchiste, s'inscrit dans une filiation révolutionnaire entre les féeries libidineuses d'un Jean Genet et la radicalité christique d'un Pasolini. En rupture évidente avec les grands écrivains de « droite » d'avant 1968 (Montherlant, Julien Green, Marcel Jouhandeau ou même André Gide), à l'opposé d'un André Baudry et en décalage même par rapport à Jean-Louis Bory, Hocquenghem exalte une version hors norme de l'homosexuel

Au premier rang des manifestations des années 1970, il n'est pas rare de croiser des intellectuels (ici Michel Foucault et Jean Genet). Avec d'autres, ils se mobilisent pour les droits des prisonniers, pour défendre les immigrés, les droits des femmes ou des gays. Des pétitions d'intellectuels (de Sartre à Barthes), d'artistes (de Dalida à François Truffaut) et de politiques (de Robert Badinter à Jack Lang) circulent également pour réclamer la dépénalisation de l'homosexualité. Mitterrand leur donnera gain de cause.

considéré comme un grandiose et éternel marginal. C'est ce qu'on pourrait appeler l'homosexualité «noire», en référence au monde sombre décrit par Jean Genet dans le *Journal du voleur* ou à la drague dure qui coûta la vie au Pasolini de la plage d'Ostie., Une lignée qui compte depuis, dans la même veine, les premiers films de Fassbinder, les interrogations mêlées sur la négritude et l'homosexualité de James Baldwin, la «dérive» dans la nuit urbaine de *L'Homme blessé* de Patrice Chéreau ou la «solitude des champs de coton» de Bernard-Marie Koltès. «Nous ne sommes pas instables, nous sommes mouvants. Aucune envie de s'ancrer. Dérivons», dira Hocquenghem. Le terme de «dérive» – mot fétiche des homosexuels dans les années 1970 – résume bien la place incertaine et changeante des homosexuels dans la société, ceux qui ne pensent ni à s'intégrer, ni à se normaliser et qui érigent en «droit à la différence» cette «autre manière d'être au monde». Guy Hocquenghem, devenu tour à tour essayiste et romancier, restera fidèle à cette conception.

Entre le désir masculin et la foi catholique, l'œuvre du cinéaste italien Pier Paolo Pasolini (ci-dessus avec le jeune acteur Garofolo) résume bien le monde grave des garçons, la «dérive» et l'homosexualité «noire». *Théorème, Porcherie, Salo* sont autant de films cultes sur ces thèmes. Son propre assassinat en 1975 sur une plage d'Ostie (il aurait été tué par un *ragazzi*), confère à son œuvre une dimension tragique. On retrouve un tel climat chez l'Allemand Fassbinder (double page suivante, son film *Querelle*, d'après Jean Genet, avec Brad Davis).

C'est son génie d'avoir su anticiper, par le seul récit de sa vie et son identification au mouvement gay, l'ensemble des espoirs – mais aussi des impasses – qui, depuis lors, guettent l'homosexuel moderne.

La fin de l'homosexualité «noire»

La conception noire de l'homosexuel comme éternel asocial (Hocquenghem), ou entretenant un rapport nécessairement incestueux avec le crime (Jean Genet), s'efface, ou du moins s'éloigne, à la fin des années 1970. Le besoin de reconnaissance, la lutte contre les discriminations homophobes, le souci d'« intégration », tout contribue à gommer la nature subversive de l'homosexualité. Les gays entrent dans une logique de « droits » et commencent à militer pour l'égalité.

Dès 1971, quelques rassemblements ont lieu également dans certaines grandes villes françaises. Avec des effectifs variés, et parfois avec une visibilité toute relative par crainte des discriminations (ci-dessus, des militants défilent avec des masques, le 1er mai 1971 à Marseille), ces manifestations annonçaient en fait un mouvement plus vaste qui a pris son véritable essor au début des années 1990.

Il faut dire qu'à la même époque les espoirs gauchistes d'une société révolutionnaire s'éloignent. L'URSS a fait emprisonner en 1973 le cinéaste homosexuel Sergei Paradjanov, et l'écrivain Soljenitsyne montre brutalement dans *L'Archipel du goulag* (1973) l'ampleur de la répression dans les régimes communistes, laquelle s'abat notamment sur les « asociaux ». Les militants gays (Hocquenghem en tête) déchantent… et se reportent donc sur le maoïsme, sans comprendre encore qu'il s'agit en fait d'un stalinisme simplement antisoviétique.

En 1975, avec *Prisonnier de Mao*, l'essayiste Jean Pasqualini fait le récit des camps de travail chinois et montre que les homosexuels y sont particulièrement maltraités, quand ils ne sont pas tout simplement fusillés pour l'exemple. La magie du président Mao s'évanouit. Reste Fidel Castro et Cuba, dont le marxisme a encore le charme des tropiques.

Longtemps, les militants gays ont cru au bien-être homosexuel dans les pays communistes (URSS, Chine, Cuba, Yougoslavie). C'est vers l'Est que se tournaient leurs regards épris de libération. Leur culture politique, souvent proche de l'extrême gauche, et un certain antiaméricanisme les ont durablement aveuglés. André Gide pourtant, dès 1936 (*Retour d'URSS*), avait été frappé par la violente pénalisation de l'homosexualité en Russie alors que de nombreux exilés témoignaient, dans les années 1950 et 1960, des violences faites aux homosexuels en Chine ou à Cuba (ci-dessous, une image du film *Avant la nuit* d'après le roman de l'exilé cubain Reinaldo Arenas). C'est seulement au tournant des années 1970 qu'un début de prise de conscience se fait et que l'attraction américaine commence à s'exercer. Dès lors, les États-Unis vont devenir la référence internationale du mouvement gay, au point d'en influencer la marche et la culture. C'est de l'« ouest », et non de l'« est », que soufflait le vent de la libération gay.

Cette fois, des témoignages de gays cubains viennent ruiner les derniers espoirs des gauchistes : Castro a ouvert des camps de « rééducation » pour « soigner » les homosexuels. Dans ces fameux camps cubains, on organisait, à des fins de « thérapie comportementale », des séances de projection de photographies d'hommes nus à l'intention des « patients » homosexuels, immédiatement suivies par des décharges électriques censées les remettre sur le droit chemin. À coups d'électrochocs normalisateurs, le mythe cubain s'effondre.

L'autobiographie de l'écrivain gay cubain exilé aux États-Unis, Reinaldo Arenas, attaquant directement le « Líder máximo », achèvera de dissiper le mirage castriste. La désillusion est totale chez les militants gays. Le bien-être homosexuel progressiste n'était qu'un rêve pour enfants gâtés du capitalisme : il dissimulait des régimes totalitaires. La « révolution culturelle » était américaine : pas maoïste ! La page du gauchisme se tourne lentement.

La « libération » est néanmoins en marche dans les pays occidentaux, en France comme aux États-Unis. S'il fallait un seul exemple, le cinéma suffirait à en prendre toute la mesure. Qu'on y songe : de *Théorème* de Pasolini (1968) à *Sebastiane* de Derek Jarman (1976), en passant par *Les Damnés* et *Mort à Venise* de Visconti (1970 et 1971), *Love* et *Music Lovers* de Ken Russell (1970 et 1971)

En amont du travail des militants, la peinture a annoncé la libération gay. Loin des hontes ou des sublimations de ses prédécesseurs, David Hockney oppose une homosexualité revendiquée et heureuse. Cet Anglais exilé en Californie peindra notamment la vie quotidienne de couples homosexuels, dans un lit, dans un living-room ou nus sous la douche (ci-dessus, *Domestic Scene*, 1963). Des peintres aussi différents que Gilbert & George, Keith Haring, Derek Jarman ou Pierre et Gilles accompagneront, chacun avec leur univers propre, le même mouvement.

ou encore l'extraordinaire film *Le Droit du plus fort* de Fassbinder (1974), c'est tout un art qui se met au service d'une cause.

Les dessins de l'auteur dramatique Copi et sa célèbre « Femme assise », les photographies de Robert Mapplethorpe, les chorégraphies de Maurice Béjart, les hymnes bisexuels de David Bowie ou militants de Village People accompagnent ce mouvement.

Le tournant des années 1970 est bel et bien une rupture majeure dans les pays occidentaux. En un peu moins de dix ans, entre 1968 et 1977, le « problème » homosexuel, qui se cantonnait à la sphère privée, est devenu une question sociale : la question gay. Mais cette évolution n'est pas limitée dans le domaine politique et culturel, elle se traduit aussi par des transformations profondes des modes de vie homosexuels. Les gays vivaient la nuit, les voici maintenant qui vivent plus souvent au grand jour.

En mars 1971, un jeune danseur étoile, Rudolf Noureev, interprète *Le Chant du compagnon errant* de Maurice Béjart (ci-dessous, dans une reprise de 1985). Dans ce duo initiatique entre hommes, Noureev est un étudiant romantique blessé jusqu'à ce que le Destin (Paolo Bortoluzzi) le prenne par la main et l'apaise. Ambiguïté des corps, dialogue sexuel : Béjart prépare la libération gay. Comme lui, de nombreux chorégraphes exploreront cette thématique, depuis Alvin Ailey jusqu'à Bill T. Jones, en passant par Dominique Bagouet ou encore Karine Saporta.

Evoluant de la nuit vers le jour, les lieux gays se démocratisent dans les années 1970. Nouveaux modes de vie, nouvelles formes de drague, les quartiers gays se constituent aux États-Unis, comme dans les grandes capitales européennes, et avec eux un nouveau marché. Dans la lignée du militantisme, mais surtout grâce au commerce, une « communauté » homosexuelle apparaît. Le sexe lui-même est collectivisé. Bonheur rimerait-il avec ghetto ?

CHAPITRE 3

LA NUIT, LE JOUR

Fils conducteurs qui traversent les époques, les lieux de rencontres sont autant de jalons pour suivre l'histoire de la libération gay. Entre homosexualité « noire » et visibilité, entre club privé (une « backroom », à gauche) et lieu public, entre le jour et la nuit, les modes de vie évoluent. Et avec eux, les quartiers, les pratiques sexuelles et les mentalités.

Jusqu'à la fin des années 1960, l'homosexualité s'est caractérisée par une dissymétrie entre le jour et la nuit et s'accompagnait d'une dichotomie d'âge et de milieu social. C'était encore l'époque des « mariages de façade » et des hommes qui, le soir, sortaient discrètement pour rencontrer des gitons et des gigolos. Les premiers bars homosexuels étaient encore marqués par le sceau du secret. Au Sept, le club privé que Fabrice Emaer ouvre à Paris en décembre 1968, il faut, pour entrer, sonner, passer une porte blindée puis être accepté par un videur à moustache qui vous déshabille du regard derrière son judas. La dictature à l'entrée, la démocratie à l'intérieur ; une fois admis par le cerbère, l'inquiétude s'éloigne, l'homosexualité devient tranquille, bourgeoise, riante. Elle se vit « à la française », avec simplement une indifférence gênée. D'autres bars sont plus accessibles, comme le Bronx, dont la clientèle est assez populaire et où déjà le sexe commence à se consommer sur place. Mais la grande nouveauté, c'est l'ouverture à Paris, en mars 1978, du Palace. Un archétype qui résume l'époque.

Les grandes fêtes disco de la fin des années 1970

Temple décadent des grandes fêtes homosexuelles de la décennie disco, le Palace, rue du Faubourg-Montmartre, est le lieu de tous les mélanges : la modernité, avec les nouveaux lasers et la musique façon John Travolta dans *Saturday Night Fever*. Les paillettes, le champagne et le strass, qui ont fait le succès des clubs privés de Régine ou de Chez Michou. Les artistes et les couturiers : Thierry Mugler a dessiné les costumes des serveurs, Gérard Garouste a peint le fond de scène et

Les pop stars des années 1970 font de l'homosexualité une esthétique à la mode. Les allusions, déjà fréquentes chez Elton John ou Simon and Garfunkel, deviennent claires avec David Bowie qui, travesti, ose le satin rouge (à droite, en 1970), quand il ne mime pas une scène de fellation avec son guitariste. Le look provocateur des moustachus de Village People (ici dans le film *Can't Stop the Music*), puis de Queen, n'est pas en reste non plus. En France, même, Patrick Juvet débarque sur la scène avec des talons aiguilles en chantant « Où sont les femmes ? », Michel Polnareff montre ses fesses sur ses affiches de l'Olympia et l'opéra-rock *Starmania* met en vedette Ziggy, « un garçon pas comme les autres ».

Yves Saint Laurent y vient assidûment. Les intellectuels et les politiques y sont aussi : les ministres de la Culture Michel Guy et Jack Lang y côtoient les écrivains Roland Barthes et Louis Aragon, l'Américain William Burroughs et le journaliste « destroy » Alain Pacadis.

« Le Palace n'est pas une "boîte" comme les autres, écrit Roland Barthes, dans *Vogue-Hommes* en 1978. Il rassemble dans un lieu original des plaisirs habituellement dispersés... Tout cela réuni fait quelque chose de très ancien, qu'on appelle la Fête, et qui est bien différent de la Distraction : tout un dispositif de sensations destiné à rendre les gens heureux, le temps d'une nuit. » Le Palace est aussi le paradis des travestis et des mannequins, un lieu mêlant le sexe facile et la drague comme mode de socialisation. Un certain narcissisme aussi effleure ici ou là, ce que symbolise à la perfection le long couloir à l'entrée, avec son jeu de vitrines

Au début des années 1980, l'homosexualité devient une idée fixe de la pop anglaise : Bronski Beat, Freddie Mercury, FGTH, Depeche Mode, Paul Morrissey, Boys Town Gang et surtout Boy George. Leurs hymnes gays séduisent les jeunes de tous les pays, et, en France, envahissent les « gay tea dance » du Palace ou les soirées du Boy. C'est à cette époque qu'un DJ comme Laurent Garnier apparaît et introduit, en mixant les sons, la house puis la techno qui feront, dans les années 1990, le succès du Queen (ci-dessus).

et de miroirs, et la piste de danse qui occupe l'orchestre de cet ancien théâtre.

Mais le Palace n'est pas un lieu exclusivement homosexuel, il reflète un nouveau mode de vie bisexuel (une nouvelle mode) à travers lequel les gays s'intègrent et deviennent plus banals, tendance qui se répand aussi en province, ou, à deux pas, au club les Bains-Douches, et qui fera bientôt le succès de la Piscine, par la suite celui du Boy ou du Queen.

C'est au Palace que la mode disco bat son plein : chaque dimanche durant les « gay tea dance » près de 1 500 garçons dansent sur « YMCA » de Village People, « It's Raining Men » des Weather Girls, « So Many Men, so Little Time » de Miquel Brown, « I Will Survive » de Gloria Gaynor, « I Feel Love » de Donna Summer ou « Think » d'Aretha Franklin. Avec Grace Jones, Amanda Lear ou Eartha Kitt, ces vedettes des années disco forment un éventail éclectique des égéries de la planète gay. Et des symboles.

« Le gai pouvoir de la nuit au Palace », titre le journal *Le Monde* en 1978. Avec sa soirée « rose » du mercredi et son « gay tea dance » du dimanche (ci-dessous, une des premières affiches gays du Palace), la célèbre discothèque créée par Fabrice Emaer devient le symbole d'un nouveau mode de vie gay associé à la fête et à la « dance ». Le Palace aura ainsi été un modèle, qui fait école en province, accompagnant à sa façon l'intégration des homosexuels.

La libération gay en marche

C'est au tournant des années 1970 que des quartiers gays se constituent aux États-Unis et dans les grandes capitales européennes. Greenwich Village à New York, le Castro à San Francisco, West Hollywood à Los Angeles, South End à Boston deviennent de véritables *urban villages gays*. Les homosexuels y débarquent, tout frais arrivés de leur Midwest natal, ou des États du Sud, et s'y installent.

Ce mouvement réalise concrètement la « démocratisation » de la vie gay, et accompagne son ouverture vers le jour. En un sens, la sociabilité de ces quartiers et le commerce qui les caractérisent poursuivent le travail militant initial et parachèvent à leur façon l'émancipation homosexuelle. À Paris, le même phénomène se produit : il est même accentué par la disparition de l'ancienne zone nocturne de la rue Sainte-Anne, délaissée, et bientôt désertée, au profit d'un nouveau quartier : le Marais. Et à l'axe Opéra/Palais-Royal, très en vogue tout au long des années 1970, succède alors l'axe Les Halles/le Marais.

En décembre 1978, le premier bar gay du quartier ouvre, rue du Plâtre, avec un nom aussi emblématique que prémonitoire : le Village. C'est un troquet à l'américaine ouvert dès l'après-midi, à l'image du petit café du coin, qui accueille « les homos devenus les gays de tous les jours ». Dans la foulée, s'ouvrent le Central (1980), le Piano Zinc (1981), le Swing (1983 – devenu l'Amnésia) et

La naissance et l'extension des quartiers gays dans les grandes villes nord-américaines et en Europe est un phénomène majeur dans les années 1970 : Greenwich Village à New York, Dupont-Circle à Washington, Soho à Londres, Le Marais à Paris, West Hollywood à Los Angeles dont l'une des avenues les plus connues se nomme Santa Monica (ci-dessous, *Santa Monica Boulevard* peint par David Hockney en 1979).

bientôt la librairie les Mots à la bouche (1983) qui vient clore la genèse du quartier gay, lui apportant une légitimité culturelle et une valorisation identitaire. D'ailleurs, à cette époque, l'ouverture de chaque nouveau lieu est fêtée joyeusement comme une étape de la marche triomphale du désir.

Par rapport aux lieux féeriques de Pigalle photographiés avant-guerre par Brassaï, aux bars de Saint-Germain-des-Prés après-guerre ou à la rue Sainte-Anne des années 1970, le Marais n'est pas seulement une délocalisation qui supposerait la continuité d'un style : c'est un changement en profondeur. Son succès repose sur la combinaison de plusieurs facteurs que l'on peut opposer presque point par point. Le commerce homosexuel de la rue Sainte-Anne fonctionnait sur trois principes : « il est impossible de faire sortir les homosexuels avant minuit », « ils ne consomment qu'un verre »

Dans certains de ces « quartiers gays », l'homosexualité devient la norme. La ville vit la nuit, la drague envahit la rue, le commerce gay s'étend, la visibilité s'impose, la population « straight » (hétéro) s'éloigne et même la police doit adapter ses règles à cette singulière population « ethnique » – et recruter des gays. Un des symboles de cette ghettoïsation assumée et délibérée fut, au début des années 1980, le quartier du Castro à San Francisco (double page suivante).

(il faut donc le faire payer cher) et « il faut sélectionner l'entrée pour éviter les gigolos ». Les bars de jour du Marais s'attachent justement à prendre le contre-pied de ces trois hypothèses en proposant une habile politique de petits prix et en valorisant la visibilité par des espaces lumineux ouverts sur la rue. Désormais, il est possible de « cruiser » (draguer) ouvertement et de se faire la bise dans le quartier. La naissance du Marais marque aussi la transition entre le club privé et le café, entre la musique forte et la musique d'ambiance, entre l'espace élitiste où l'on est assis et « placé » et le bar convivial où l'on se déplace librement en pouvant engager la conversation avec toute personne alentour. Cette évolution qui culmine à Paris au début des années 1980 est un fait d'époque.

Après les États-Unis, après Paris, les grandes villes françaises connaissent un mouvement similaire : le Blue Boy à Nice, la Petite Taverne à Lyon, l'Esclave Bar à Avignon, la Mare au diable à Marseille, le Zanzibar à Cannes, Plein Sud à Nantes ouvrent ou s'adaptent peu à peu à ces nouvelles réalités du marché gay.

Jusque dans les années 1980, les toilettes publiques furent l'un des lieux de la drague urbaine. Appelés « vespasiennes », « latrines » ou en argot « tasses », les urinoirs ont été le cadre de scènes érotiques ou perverses, parfois d'exhibitionnisme. À Paris, l'installation en 1980 des Sanisette Decaux, aseptisées et monoplaces, a sonné leur fin. Les tasses, désormais jugées malséantes, seront rassemblées sur un terrain vague de la banlieue parisienne où elles s'oxydent depuis. Cimetière de vespasiennes devenu le sépulcre d'« une certaine façon de vivre l'homosexualité ».

Le sexe collectivisé

Cette démocratisation du commerce gay se double d'un phénomène sexuel. C'est la naissance, à partir de 1975, des « backrooms », ces espaces sombres à « forte rentabilité sexuelle ». Fini l'époque des cabarets bon enfant à l'ambiance joviale et à la franche camaraderie, oubliée l'époque des clubs privés avec spectacles de travestis et danses du tapis, voici venu le temps de la drague organisée et systématique. Importées des États-Unis, les « backrooms », où les filles ne sont plus admises, offrent un cadre nouveau de rencontres avec leurs espaces intimes, leurs « poppers » et leurs films érotiques. Le sexe collectif devient le « festin joyeux » et le « dérèglement systématique de tous les sens » que prédisait Rimbaud. Univers codé et hautement ritualisé, la « backroom » a ses lois tacites : loi de l'anonymat, loi du silence, loi du sexe sans loi. De nouveaux rapports entre les hommes s'établissent : étuves où l'on s'allonge sur des bancs superposés, peignoirs de bain purement formels, cabines individuelles avec ou sans rideaux, avec ou sans écrans.

Lieu de socialisation et de rencontres, le bar gay est le point de ralliement par excellence au cœur du quartier gay (ci-dessous à Londres). C'est là qu'on y lit, sans avoir besoin de « s'afficher » pour les acheter en kiosque, le journal américain *Advocate*, anglais *Attitude*, ou français *Gai Pied*. On y trouve aussi la *free press*, très répandue dans le milieu gay, où sont annoncées les soirées à thèmes, les « gay tea dance » et autres « afters » (*Village Voice* et *HX* à New York, *Frontiers* à Los Angeles, *Bay Area Reporter* à San Francisco, *Bay Windows* à Boston, *Illico* à Paris).

L'atmosphère se crée : corps en émoi, soupirs, chasse, obscurité, proies possibles, silences, lueurs de cigarettes grillées, sueur, parfois un rire qui fuse.

À Paris, le phénomène « backroom » prend des allures de défi commercial quand un ancien tapin revendiquant 13 000 passes, David Girard, ouvre deux saunas et une grande boîte-backroom, le Haute Tension. À sa façon, Girard sera le symbole des années 1980 en flattant le goût du sexe immédiat, de l'argent facile. Avant de sombrer dans les années 1990.

Si les « backrooms » illustrent probablement un besoin d'appartenance communautaire nouveau, rarement en tout cas aura-t-on vu jaillir une libération au milieu de tant d'argent… et de tant de sueur.

Débardeurs « marcels », jeans déchirés, Doc Martens et médailles de GI : voici le « Mâle », le « vrai », *exit* l'androgyne. Mais le *Jock-strap* n'exclut pas les *fashion victims* (faussement habillées Jean-Paul Gaultier ou labellisées BOY) ni le slip Calvin Klein. Et puisqu'il n'y a rien entre son « CK et lui », la vie gay devient tout à la fois de plus en plus virile et érotique… et de plus en plus commerciale.

Communauté « gay »

Dans les années 1980, un véritable « citoyen »
gay est né. Il vit plutôt à Paris, il prend son petit
déjeuner en écoutant Fréquence Gaie, travaille dans
un établissement homosexuel (plus d'une centaine
déjà dans la capitale ; près de 300 aujourd'hui),
s'informe en lisant *Gai Pied Hebdo* et tape sur
son Minitel (en pleine expansion à partir de 1985).
Il passe aussi des petites annonces « Chéri's » dans
le cahier « Sandwiches » de *Libération*, dîne le soir
dans un restaurant du Marais puis danse, jusqu'au
matin, au Palace ou au Broad. Pour certains, l'heure
est au mode de vie en circuit fermé renvoyant
aux homosexuels des images figées de leur
identité, avec une temporalité propre, celle
de la communauté. À travers les nouveaux
codes amoureux, illustrant un même
mouvement, mots sans parole (Minitel),
voix sans image (réseaux téléphoniques),
corps sans parole ni image (« backroom »),
la sexualité gay s'homogénéise et se
systématise. C'est de cette époque que
datent les premières critiques contre la
ghettoïsation (Hocquenghem par exemple) ;
plus tard, certains (dont l'auteur de ces
lignes) mettront en lumière une tendance
au repli identitaire et
une tentation
communautaire.
Toujours est-il que cette
tendance est accentuée
par les débuts de l'ère
du corps, une vague
et un culte narcissiques
qui ne cesseront de se
développer à travers
d'innombrables salles
de gym, et de multiples
saunas. Le nouvel homo
est là, string et perfecto,
la folle et la « fille
manquée » s'en vont.

La commercialisation
de la vie gay atteint
son apogée au début
des années 1980 :
les bars gays sont alors
innombrables dans
les grandes villes (plus
de 300 établissements
homos encore
aujourd'hui à Paris),
et le marché atteint
toutes les sphères de la
vie gay. Depuis l'entrée
en scène des Village
People et les photos
d'Helmut Berger, une
nouvelle esthétique
virile domine aussi.

Omniprésente dans
les premiers films
érotiques Brentwood,
ou dans le légendaire
comic-strip de Tom of
Finland et ses « Cake »,
elle envahit les petites
annonces et les sites
Minitel. Il faut être
musclé, viril et surtout
jeune. Autant de
vignettes qui illustrent
les profondes mutations
de l'imagerie gay
durant ces trente
dernières années.

Dans une série de textes superbes, mais forcément décalés, l'écrivain militant Guy Hocquenghem regrette publiquement cette transformation : « La folle traditionnelle, sympathique ou méchante, l'amateur de voyous, le spécialiste des pissotières, tout cela, types hauts en couleur hérités du XIXe siècle, s'efface devant la modernité rassurante du (jeune) homosexuel de vingt-cinq à quarante ans à moustache et attaché-case, sans complexes ni affectation, froid et poli, cadre publicitaire ou vendeur de grand magasin, ennemi des outrances, respectueux des pouvoirs, amateur de libéralisme éclairé et de culture. Fini le sordide et le grandiose, le drôle et le méchant, le sadomasochisme lui-même n'est plus qu'une mode vestimentaire pour folle correcte... Un stéréotype d'homosexuel d'État. » Pour la première fois, les ténors de la libération homosexuelle sont dépassés sur leur propre terrain par le nouvel homo émancipé.

Bonheur rimerait-il désormais avec ghetto ? En peu d'années, les modes de vie gays ont accusé d'importantes transformations. Cette accélération

Le nouveau gay est d'abord identique à son voisin. La mode vient de *Fire Island*, des films érotiques des studios Falcon et se fixe sur les couples californiens du photographe Bruce Weber. Un stéréotype gay s'installe : un Levi's 501, une boucle d'oreille (à droite), un tee-shirt moulant et, déjà, un bombers vert accompagné de rangers. L'icône idoine, l'acteur porno Jeff Stryker, est l'objet d'un culte international : les artistes Pierre et Gilles l'immortalisent. Uniformité et virilité : l'homosexuel se croyait unique et se découvre quelconque. Le « pédé » cloné est la révélation sexuelle de l'époque.

s'est réalisée sur une période extrêmement courte. Beaucoup, cependant, sont restés, volontairement ou non, à l'écart du mouvement. D'une part, il y a ceux qui, notamment en province, vont se définir, désormais, comme « hors ghetto » – expression vouée à un grand succès. D'autre part, il y a tous ceux pour qui, à cette époque et encore aujourd'hui, l'homosexualité reste un destin problématique et pour qui la sexualité collective, ou le culte du corps body-buildé ne sont qu'une imparfaite image de la réalité. Certains garçons et filles, sans rejeter forcément leur homosexualité, se plaignent de leur vie amoureuse instable et limitée à des relations aussi nombreuses qu'éphémères, ombres d'amours décomposées se succédant au rythme des promenades intéressées dans les jardins publics provinciaux. Pour d'autres, l'homosexualité reste un désert à perte de vue.

Ces histoires singulières ou multiples, douloureuses ou fragmentaires, expliquent que beaucoup d'homosexuels ont estimé, et estiment encore aujourd'hui, que la libération homosexuelle n'a pas eu lieu.

L'homosexualité « noire », pasolinienne, l'homosexualité dure, quelquefois sordide, la drague nocturne et la « dérive »… toutes ces images semblent révolues au début des années 1980. La libération vient d'avoir eu lieu. « Sept ans de bonheur ? » titre même le journal *Gai Pied* en 1981. C'est sûr, pour les gays, la vie a changé. Le bonheur est dans le ghetto, ou hors de lui : mais il est possible. On a du temps devant soi, il s'agit maintenant de témoigner de ce qu'on a enduré. L'homosexualité n'est plus une maladie. La dépénalisation est votée. L'insouciance, enfin. Le rire, aussi.

En quelques années, le sida frappe et la libération gay est atteinte de plein fouet. Après une période de déni, les militants gays se mobilisent. Bientôt, c'est pourtant l'hécatombe. Les associations de lutte contre le sida, innombrables, généralistes ou identitaires, activistes ou plus sociales, vont alors écrire un chapitre majeur de l'histoire sociale. Et redonnent leur fierté aux gays.

CHAPITRE 4

LES ANNÉES SIDA

De l'apparition de l'épidémie en juin 1981 à l'arrivée des polythérapies en janvier 1996, le sida atteint toutes les sphères de la vie gay : la nuit change, les commerces de jour évoluent, la vie de couple se transforme et le nombre de morts explose. Contre la pandémie, des associations se créent : parmi elles, Aides et ses fameux *buddies* qui marchent contre le sida (ci-contre) ou Act Up (à gauche, en 1993, et son préservatif géant qui honore l'obélisque de la Concorde).

Le « **cancer gay** »

Au début des années 1980, les homosexuels ont le vent en poupe. Les quartiers gays se constituent, les lieux se multiplient, la bisexualité est à la mode et, le soir, les homosexuels vivent les plus belles nuits de l'ère disco. En France, l'homosexualité vient d'être « dépénalisée » par le nouveau président de la République, François Mitterrand. Le journal *Gai Pied Hebdo* peut annoncer en couverture : « Sept ans de bonheur ? » L'insouciance enfin.

C'est pourtant au même moment qu'arrivent, des États-Unis, les premières informations alarmantes. Dans l'édition du 5 juin 1981 de la revue de l'agence épidémiologique fédérale américaine – les célèbres Centers of Disease Control (CDC) d'Atlanta –, cinq cas de « rares cancers » affectant des homosexuels sont recensés.

« L'épidémie du cancer gay » (*Libération*, 19 mars 1983), « Cancer gay : la contagion par le sang » (*Libération*, 17 mai 1983), « New York se bat, Paris continue à danser » (*Le Matin de Paris*, 7 juin 1983), « Panique chez les gays » (*Le Nouvel Observateur*, 17 juin 1983), « La peste rose : le sida » (*Le Parisien libéré*, 31 août 1983)… autant de titres de la presse nationale française qui ont alerté les militants gays. Face à ces articles, qu'ils prennent pour des attaques antigays, et par peur d'un retour de bâton homophobe, les responsables

Un virus isolé par des chercheurs français

« CANCER GAY » LA CO

En France, en septembre 1981, un petit article informatif dans *Gai Pied*, intitulé « Amour à risques », signale également l'apparition d'une « fort rare maladie de Kaposi ». « La communauté gaie américaine est en émoi », précise encore le journaliste, qui observe, médusé, que « tous les malades sont pédés ».

« Un cancer qui toucherait exclusivement les homosexuels, non, ce serait trop beau pour être vrai, c'est à mourir de rire ! », commente aussitôt le philosophe Michel Foucault. Une maladie spécifique aux gays ? Quelle désopilante plaisanterie ! C'est une blague que l'histoire fait aux homosexuels au moment où la libération gay bat son plein.

Au cours de l'été 1981, Willy Rozenbaum, jeune médecin plutôt aventurier, reçoit un patient, Vincent M., steward homosexuel, qui est victime de différentes affections. Il semble avoir perdu

associatifs homosexuels tardent alors à se mobiliser. Beaucoup des silences et des dérapages des années 1982-1985 s'expliquent par ce contexte initial.

❝ Au commencement des fléaux et lorsqu'ils sont terminés, on fait toujours un peu de rhétorique. Dans le premier cas, l'habitude n'est pas encore perdue et, dans le second, elle est déjà revenue. C'est au moment du malheur qu'on s'habitue à la vérité, c'est-à-dire au silence : attendons. ❞
Albert Camus, *La Peste*

AGION PAR LE SANG

toute son immunité. En observant Vincent, et en comparant son cas à ceux répertoriés par les CDC d'Atlanta, Rozenbaum soupçonne le même mal. Le « cancer gay » est diagnostiqué en France.

Très vite, un petit groupe de médecins pionniers, sans mandat et sans budget, se réunit spontanément autour de Rozenbaum. Parmi eux, l'immunologiste Jacques Leibowitch, une forte tête, qui fait aussitôt l'hypothèse d'un virus d'une famille particulière (les rétrovirus). C'est aussi lors d'une de ces réunions que Rozenbaum propose, pour traduire « AIDS », le nom de « SIDA » (Syndrome d'Immuno-Déficience Acquise), retenu de préférence à « Cité-Syndrome » que défend alors Leibowitch.

Fin 1982, ces médecins iconoclastes tentent de trouver un laboratoire de recherche pour confirmer l'hypothèse que l'agent causal du sida serait bien un rétrovirus. C'est ainsi que Luc Montagnier et Jean-Claude Chermann de l'Institut Pasteur sont

« Les questions qui hantent toute vie normale n'ont simplement pas existé pour moi : gagner sa vie, s'élever socialement, se marier, avoir des enfants, vivre avec quelqu'un… [J'ai toujours eu] un sentiment intense, insouciant et grave, de ne pas faire partie du monde. » Ainsi s'exprimait le critique Serge Daney, peu avant sa mort des suites du sida. Une solitude que traduit également le film de Patrice Chéreau, L'Homme blessé (ci-dessus).

approchés. Le 3 janvier 1983, Willy Rozenbaum fait l'excision d'un ganglion cervical chez un patient homosexuel français : Frédéric Brugière, un employé de la mode de 33 ans, ayant séjourné à New York et connu depuis sous les initiales des trois premières lettres de son nom : BRU (il mourra à l'automne 1988). Au cours de l'après-midi, Luc Montagnier met en culture le prélèvement à Pasteur. Au quinzième jour, Françoise Barré-Sinoussi, qui fait partie de l'équipe de Montagnier, détecte une activité « transcriptase inverse » faible, mais significative, qui confirme la présence du rétrovirus. Il faudra attendre encore plusieurs jours avant que le rétrovirus soit clairement identifié, puis nommé (d'abord BRU, du nom du patient, puis LAV, puis HIV). La codécouverte est signée en mai 1983 par douze chercheurs français, dont Jean-Claude Chermann, Willy Rozenbaum, Françoise Barré-Sinoussi (le découvreur) et Luc

Montagnier (chef du service du laboratoire). Après une incroyable querelle franco-américaine, le rétrovirus HIV sera rendu responsable du sida en 1984, et l'équipe française de Montagnier obtiendra finalement, quelques années plus tard, la paternité définitive de la découverte.

Le déni et l'attentisme

Pendant ce temps-là, les doutes des militants gays font écho aux doutes des médecins. Entre 1981 et 1984, le nombre de cas explose en France (11 en 1981, 48 en 1982, 140 en 1983, 377 en 1984) mais la communauté gay refuse de céder à la panique. Au début, des responsables gays français nient même la maladie qu'ils imputent à la droite

Dès l'été 1981, Willy Rozenbaum (ci-dessous) et Jacques Leibowitch sont les premiers médecins français mobilisés. Très vite, ils réunissent un petit noyau d'amis pour tenter d'enrayer le « cancer gay ». Ce sera le fameux « groupe français de travail sur le sida » qui sera à l'origine de la découverte du virus. Invités à y participer, les militants gays de l'Association des médecins gays (AMG), du Comité d'urgence antirépression homosexuelle (CUARH) et les patrons des saunas gays (dont David Girard) hésitent à coopérer et freinent les mesures de prévention par peur du retour de l'homophobie ou par clientélisme. Une faute qui sera l'une des causes du retard français dans la lutte contre le sida.

homophobe américaine : une invention de Reagan ! Peu à peu, les chiffres se précisant, les militants prennent acte de l'épidémie mais continuent à en minimiser les risques. C'est cette période assez triste, où, à l'alerte des médecins, répond l'attentisme des responsables gays. Se protéger ? Diminuer le nombre de partenaires ? Il n'en est pas question. « Le nombre de rapports sexuels n'a rien à voir avec les chances de l'attraper », affirme aussitôt un « médecin gay » dans le journal homosexuel *Samouraï* (septembre 1983). « Plutôt le sida qu'Hiroshima ! » peut-on lire dans la même période sur une banderole lors d'une manifestation pacifiste d'octobre 1983. Quant à la revue homosexuelle *Masques*, elle ironise sur les appels à la diminution du nombre de partenaires, car « Mieux vaut mourir du sida que d'ennui » (hiver 1984-1985).

L'éditorialiste de *Gai Pied Hebdo* minore, lui aussi, et jusqu'en 1985, les risques. La lutte contre le sida n'est pas encore une priorité.

Le déni, puis l'attentisme, des militants gays face au sida est un fait majeur de l'épidémie en France comme aux États-Unis. Entre 1981 et 1985 (pas avant, guère après), la communauté gay ne prend pas au sérieux les risques, soit par peur d'un retour de bâton et d'une recrudescence de l'homophobie,

Le déni gay est un fait central des débuts de l'épidémie, en France, comme aux États-Unis. Regroupés dans une association, les « médecins gays » refusent par exemple que l'on parle du sida au nom de « l'inopportunité d'une information exploitable par les forces de la répression morale » (*Libération*, 27 avril 1982). En 1983, ils dénoncent encore la publicité autour du sida car il s'agit d'un « grossissement permanent d'un fait plus que minoritaire numériquement » (*Gai Pied Hebdo*, 9 juillet 1983). Après cette période de déni, les militants gays évoluent et se rallient en 1985 à la lutte contre le sida.

soit par souci commercial de protection des intérêts économiques (attitude des patrons gays) – deux tendances profondes qui structurent la vie gay depuis la fin des années 1970. Il faut attendre l'arrivée d'un nouveau type de militants (Aides), puis d'une nouvelle génération (Act Up) pour que le combat frontal contre le sida s'engage en France.

Les « buddies » de l'association Aides

Durant l'été 1984, Daniel Defert se rend sur l'île d'Elbe, chez l'écrivain Hervé Guibert, pour faire son deuil. Defert a en effet été, pendant vingt-cinq ans, le compagnon du philosophe Michel Foucault qui vient de mourir du sida (25 juin 1984). D'où l'idée d'une lettre ouverte à plusieurs de ses amis afin de lancer une association : « Face à une urgence médicale certaine et une crise morale qui est une crise d'identité, je propose un lieu de réflexion, de solidarité et de transformation. Voulons-nous le créer ? » Cette association va s'appeler Aides.

Très vite, les statuts sont déposés (28 novembre 1984) et la mobilisation démarre sur les chapeaux de roues, malgré le nouveau refus des militants gays « officiels » de s'y associer. Des médecins, des avocats, des journalistes et beaucoup de personnes moins connues s'y retrouvent autour de Daniel Defert qui en sera, jusqu'en 1987, le président. On crée une permanence téléphonique, des brochures sont diffusées dans les bars, ou encartées aux frais

de l'association dans *Gai Pied Hebdo*. Les volontaires décident aussi d'effectuer eux-mêmes des visites dans les bars gays pour distribuer des tracts et bientôt des préservatifs. C'est le début d'un immense mouvement de solidarité dont les fameux *buddies* (copains) de Aides restent les innombrables héros anonymes.

Cette mobilisation précoce et courageuse n'en suscite pas

Journées mondiales de lutte contre le sida, marches pour la vie, patchworks des noms, ruban rouge, Sidaction, galas d'appels de fonds, cérémonies avec des bougies (ci-dessus, à Paris, en 1994), autant de manières de témoigner de l'épidémie et d'encourager la prévention. Les années 1990, noires et de cendres, seront marquées par l'obsédante question de la mémoire et de la commémoration.

moins la réserve des patrons gays, qui refusent, à leur tour en 1985-1987, qu'on effectue de la prévention dans leurs bars et saunas, par crainte de voir leurs clients fuir. Quelques militants gays obtus continuent également de douter de la nécessité d'une telle mobilisation. Parmi eux, Guy Hocquenghem : il dénonce alors la lutte contre le sida comme une « idéologie Sam'suffit sécuritaire et hygiénique ignoble », surtout quand elle est animée par les responsables de Aides, « petits chefs drapés d'ignorance et de présomption » (*Gai Pied Hebdo*, 13 juillet 1985).

Entre 1984 et 1994, le nombre de cas de sida en France va passer de 377 à plus de 37 000 et le nombre de volontaires à Aides de 37 à 3 600.

Comment raconter la tragédie du sida ? La photographe Nan Goldin a simplement choisi en 1992 de suivre la maladie sur les visages de ses amis Gilles et Gotsho. Ses photographies successives montrent, avec une absence de distance délibérée et en évitant tout voyeurisme, le lent passage de la vie vers la mort de l'un des amants. Un reportage célèbre et bouleversant (quatre pages suivantes).

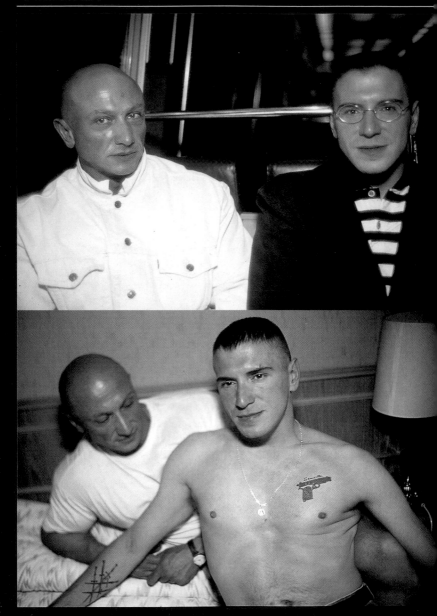

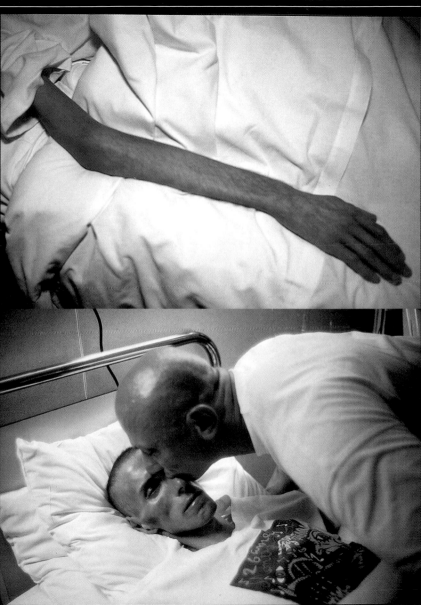

Dans toutes les villes de France, des comités locaux se créent, des militants se mobilisent, des campagnes de prévention s'organisent.

« Le malade du sida est un réformateur social », aimait à dire Daniel Defert – et c'est ce qui est advenu. Au début, bien sûr, l'épidémie a tout chamboulé et s'il fut alors difficile de décrypter les tensions contradictoires du mouvement gay, la valse hésitation de l'action politique et les va-et-vient de l'opinion publique, le legs principal de quinze années de lutte contre le sida reste néanmoins la mobilisation en faveur de « droits ». L'éthique de l'association Aides reposait d'ailleurs sur le respect du secret médical, sur le principe du dépistage volontaire, sur la défense de la vie privée et du non-jugement. Elle a fait école.

Sur un plan sanitaire, l'épidémie de sida a aussi transformé en profondeur la santé publique en France (hospitalisation à domicile, nouveaux rapports médecins-malades, hôpital de jour). Et, en définitive, le mouvement antisida, Aides en tête, mais aussi des centaines d'associations moins connues, ont écrit, en dix ans, un chapitre majeur de l'histoire sociale de France.

Au début des années 1990, les associations de lutte contre le sida forment une géographie complexe de structures diverses. Les militants, parfois eux-mêmes contaminés, réagissent avec l'énergie du désespoir. Alors que la maladie atteint les hétérosexuels, se juvénilise, se féminise,

Le préservatif tarif-jeunes pour tous.

En vente à 1 franc dans les pharmacies

se pédiatrise, se paupérise, tous les aspects de l'épidémie sont bientôt pris en charge par de nouvelles structures : associations de séropositifs, d'hémophiles, de jeunes, de femmes, d'artistes... Par cette exceptionnelle mobilisation, la lutte contre le sida offre l'exemple de l'émergence d'un nouveau mouvement collectif, qui restera comme l'un des plus originaux et des plus importants des années 1990.

Une visite inopportune

C'est durant la seconde moitié des années 1980, alors que les militants gays et les nouveaux volontaires de Aides ont pacifié leurs relations, et que tous luttent désormais au coude à coude contre le sida, que le retour de bâton a eu lieu.

Alors que le ministre de l'Intérieur Charles Pasqua menace d'interdire le journal *Gai Pied Hebdo*, Jean-Marie Le Pen réclame avec virulence le dépistage systématique des populations « à risques » et des ressortissants étrangers. Pour son « conseiller scientifique », le docteur Bachelot, le sida est une preuve « de la décadence de la société, du laxisme en matière de mœurs ». Et François Bachelot de poursuivre – propos ignobles : « Le sida a ruiné les fantasmes sexuels des soixante-huitards attardés... Les sodomites distingués ricanaient de l'archaïsme des demeurés qui eux continuaient à faire l'amour par les voies naturelles et, qui plus est, avec une seule partenaire : une femme. Beaucoup d'entre eux, aujourd'hui, sur leur lit de mort, doivent méditer... »

Un virus qui, dans un raccourci saisissant, s'en prend aux Haïtiens (donc aux immigrés), aux homosexuels et aux toxicomanes : l'extrême

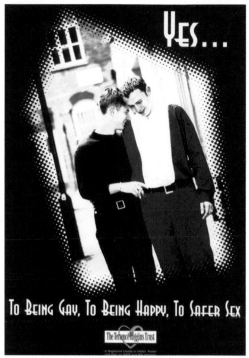

droite de notre temps pouvait-elle rêver mieux ? Le sida est exploité comme un thème majeur dans le répertoire du Front national durant l'année 1987 et cette désinformation homophobe va brouiller pour un temps les messages de prévention.

Opportunément, la droite parlementaire refuse cet engrenage et la ministre de la Santé de l'époque, la RPR Michèle Barzach, prend aussitôt la tête d'une campagne nationale pour la prévention, lève l'interdiction de publicité sur les préservatifs et autorise la vente libre des seringues. Pour la première fois, le sida cesse d'être une maladie homosexuelle et concerne tout le monde. À quoi il faut ajouter le discours politique et éthique clair sur le sida de Michèle Barzach qui, en 1987, rompt ainsi superbement avec les fautes et les silences des ministres socialistes antérieurs.

Face aux slogans homophobes de Jean-Marie Le Pen (« sidaïques », « sidatoriums »), les activistes luttent contre le sida avec leurs propres mots. Parmi des centaines d'initiatives, la campagne du préservatif à un franc (à gauche) ou, en Angleterre, une affiche du Terrence Higgins Trust (l'équivalent britannique de Aides) ont été des occasions pour inciter la population à se protéger ou faire le point sur les connaissances médicales.

L'homme blessé

Avec plus de 50 000 malades en France, plus de 120 000 personnes séropositives et après plusieurs milliers de morts (chiffres cumulés, fin 2000), l'épidémie de sida a cependant transformé les décennies 1980 et 1990 en années de cendre.

Un grand nombre de ceux qui ont fait l'histoire de la libération gay ont disparu durant la pandémie. Parmi les anciens d'Arcadie et du FHAR, au *Gai Pied*, à Aides, on ne compte plus les morts. Des militants, des volontaires, et des milliers d'anonymes ont été victimes de la pandémie, ce dont les patchworks des noms, ces morceaux de tissus colorés dédiés à une personne disparue, et cousus entre eux, sont le beau et terrible témoignage collectif.

Il faut aussi citer les artistes et les écrivains homosexuels, particulièrement atteints, et si, comme toujours, ce sont les noms les plus célèbres que l'on retient, ceux-ci ne doivent pas masquer l'ampleur de l'hécatombe ni sa diversité sociale et géographique. Les acteurs Rock Hudson et Brad Davis, les cinéastes Derek Jarman, Cyril Collard, l'humoriste Thierry Le Luron, les chanteurs Freddie Mercury ou Klaus Nomi, le photographe Robert Mapplethorpe, les philosophes Jean-Paul Aron et Michel Foucault, les écrivains Bernard-Marie Koltès, Jean-Luc Lagarce, Reinaldo Arenas, les chorégraphes Dominique Bagouet et Rudolf Noureev, l'ancien ministre de la Culture Michel Guy, les critiques de cinéma et de théâtre Serge Daney et Bernard Dort, le sociologue Michael Pollak, le dessinateur Copi et l'écrivain militant Guy Hocquenghem sont quelques-uns des porte-drapeaux d'une tragédie qui a emporté des milliers de gens moins connus ou anonymes comme ce militant infatigable Pierre Kneip, ce journaliste de *L'Humanité* Michel Boué ou encore « Pinpin », le plus discret des maquilleurs d'opéra.

Des œuvres douloureuses portent témoignage de cette hécatombe. Les chorégraphies de Bill T. Jones disent la douleur de l'amant absent,

Avec l'hécatombe collective du sida, touchant une population souvent jeune, se sont mises en place de nouvelles représentations de la mort. C'est le cas du Name's Project, fondé aux États-Unis en 1986 en souvenir d'une tradition afro-américaine de confection de patchworks. En France, sur le même modèle, sera créé en 1989 le patchwork des noms et à Berlin le « Denkraum ».

les romans d'Hervé Guibert racontent la mort des amis « dont on n'a pas sauvé la vie » (et la sienne propre), les films de Patrice Chéreau évoquent le deuil collectif et le théâtre de Koltès hurle l'injustice fondamentale de la vie humaine. Quant à Cyril Collard, son film étendard *Les Nuits fauves* est vu par plus de trois millions de personnes en 1993 et obtient quatre récompenses aux César. Quelques jours après sa mort. Au début des années 1990, la maladie a atteint l'ensemble de la vie gay, les cloisons entre les groupes se sont durcies et les identités sexuelles se sont figées. Le monde homosexuel est blessé, meurtri, détruit. C'est l'arrivée d'une nouvelle génération de militants qui va lui redonner une combativité contre le sida et lui rendre sa « fierté ».

Rob, Eddy, Theo, Hans : joints bout à bout, ces patchworks collectifs deviennent de véritables « monuments » qui peuvent être déployés lors de cérémonies sur la grande pelouse devant la Maison Blanche ou, à Paris, sous la tour Eiffel. « La violence et la douceur du patchwork, a expliqué Daniel Defert de Aides, affirment, au nom de tous ceux-là, que nous voulons encore en découdre avec la vie. »

Silence = mort

Lorsqu'il revient des États-Unis en 1989, Didier Lestrade a trente ans. Critique de house music à *Libération* et journaliste à *Gai Pied Hebdo*, séropositif, il a été fasciné par l'efficacité et la radicalité d'une toute jeune association : Act Up. Celle-ci a été créée en 1987 à New York par Larry Kramer. Il ressent la nécessité de faire la même chose en France pour « réveiller » le ghetto et dépasser le nécessaire mais, selon lui, insuffisant travail social de Aides. En un mot, il veut faire de la politique.

Désobéissance civile, jet de sang, personnes menottées, enterrements politiques, *zaps*, *die in*, l'association Act Up-Paris, qu'il crée en 1989, se veut révolutionnaire et affiche, dès ses premières manifestations, un slogan appelé à un grand avenir : « Silence = mort. »

Cette violence symbolique n'exclut pas l'humour et l'ironie, comme en témoignent quelques-uns des célèbres slogans d'Act Up-Paris : « Contre le sida, mangez des pommes ! », « Quand je serai grande, je serai séropositive : Bayrou, ministre du destin », « Balladur, des T4 ! », « Des molécules pour qu'on s'encule ! », « Sida is disco ! ». Parfois, comme lors de la Gay Pride 1992, les slogans d'Act Up savent être émouvants – et tout simplement beaux : « J'ai envie que tu vives. »

Association hybride, sorte de FHAR ultra-organisé à l'âge de la techno, Act Up-Paris est un mixte politique qui emprunte aux mouvements gauchistes leurs méthodes musclées, aux associations gays leurs discours contre l'homophobie et aux groupes radicaux américains leurs techniques de médiatisation et de visibilité. Les hommes politiques, à commencer par François Mitterrand auquel Act Up reproche son silence sur le sida

Le mouvement Act Up (Aids Coalition To Unleash Power) a été créé en 1987 aux États-Unis. Ces nouveaux militants radicaux, qui ont adopté le triangle rose comme emblème, prônent des actions musclées, affirment fortement leur identité gay et critiquent violemment les responsables politiques. L'Amérique disposant, plus que jamais, de par son magnétisme sur les mouvements gays, d'une capacité à exporter ses formes de contestation, les méthodes d'Act Up seront reprises, dès 1989, en France, par plusieurs militants gays, dont Didier Lestrade (ci-dessus). En anglais, *to act up* signifie également « mal se conduire ».

fiers d'être **pédés**, fiers de lutter contre le sida.

rejoignez **ACT UP PARIS** à la gay pride
le 18 juin à 15 heures place de la République

(l'ancien président de la République ne s'est presque jamais exprimé sur cette épidémie), seront parmi les cibles privilégiées de l'association d'extrême gauche. Au-delà d'un discours radical et de la colère de ses membres, Act Up est aussi une association communautaire d'autosupport où les militants et les malades s'épaulent et gardent espoir.

C'est dire qu'au-delà d'un ton nécessairement provocateur, Act Up a joué un rôle crucial et complémentaire d'Aides, en France. L'idée majeure de l'association était d'ailleurs qu'on ne peut pas lutter contre le sida sans se confronter à des questions politiques et de reconnaissance sociale. Cette idée a fait son chemin. Des personnes sont sorties de l'ombre pour dire « je » et « j'ai une opinion sur ma propre maladie ». Au-delà de la fameuse image du préservatif géant et rose fluo installé le 1er décembre 1993 sur l'obélisque de la Concorde, et au-delà de son rôle décisif pour accélérer la mise sur le marché de nouveaux traitements efficaces, Act Up a sans doute d'abord réussi à redonner de la « fierté » aux malades. Et aux homosexuels.

La « révolution du 29 janvier » : c'est à la troisième conférence sur les rétrovirus de Washington, le 29 janvier 1996, que les premiers succès encourageants des polythérapies sont annoncés. Pour les malades, c'est « l'espoir de l'espoir ». En moins d'une année, cette nouvelle combinaison médicamenteuse apparaît comme un tournant majeur et spectaculaire dans la lutte contre l'épidémie. Dès lors, le sida devient une maladie virale chronique. En moins de quatre ans, le nombre de décès dus au sida diminue fortement en France. Mais la tragédie de l'épidémie perdure dans quantité de pays non industrialisés, et d'abord en Afrique.

Après quinze ans d'épidémie de sida, la mobilisation croissante des homosexuels lors des traditionnelles Gay Pride témoigne d'un besoin accru de visibilité. La longue marche des gays – hier pour la dépénalisation, pour la lutte contre le sida et désormais pour l'égalité des droits – reste un combat collectif inachevé. Les homosexuels demeurent en quête de reconnaissance.

CHAPITRE 5

LA RECONNAISSANCE

Du petit ruban rouge au drapeau arc-en-ciel, des années noires aux années *rainbow*, du vote solennel du Pacs à l'élection d'un maire gay à Paris, les années 1990 offrent, en France, un bilan plus positif pour les gays dans leur combat pour l'égalité des droits. Mais des discriminations demeurent dans bien des pays du monde.

CE N'EST PAS MA SŒUR, CE N'EST PAS MA COUSINE, CE N'EST PAS MA COLOCATAIRE. NOUS SOMMES LESBIENNES, NOUS ALLONS A LA *gay pride* 18 JUIN, 14 H, PLACE DE LA REPUBLIQUE

Centre gai et lesbien, Gay Pride, Act-Up Paris, GAGE, MAG, ACGLSF, l'Entracte, el Scandalo

Vingt mille personnes en 1994, 60 000 en 1995, 100 000 en 1996, 250 000 en 1997, 500 000 en 2001, la mobilisation croissante des gays lors de la traditionnelle marche de la Gay Pride témoigne aujourd'hui du besoin de visibilité et de reconnaissance après quinze ans d'épidémie de sida. La Gay Pride (textuellement « fierté gay ») est une manifestation annuelle qui vise, dans de nombreux pays, à commémorer les événements new-yorkais de Stonewall. En 1971-1972, les homosexuels français défilaient encore avec les syndicats, chaque 1er mai : c'était l'époque où les militants de la CGT, offusqués, se retournaient dans le cortège en disant que cette marche des homos était « une tradition étrangère à la classe ouvrière ». La première marche « autonome » – et donc la première véritable Gay Pride – a lieu en France en 1977, à l'appel des lesbiennes du MLF, mais elle n'a, alors, qu'un succès limité. Il faut attendre 1981 pour voir défiler plus de 10 000 homosexuels à Paris, peu avant l'élection de François Mitterrand. Avec pour unique slogan : la « dépénalisation » de l'homosexualité.

À l'image du président Clinton déjeunant avec les leaders du Democratic National Committee Gay and Lesbian (ci-dessus), les responsables politiques français ont été de plus en plus sensibles à la cause homosexuelle – et aux voix qu'elle était supposée leur offrir. François Mitterrand, le premier, aura multiplié les promesses à l'égard des gays. Toutes tendances confondues, la plupart des leaders politiques s'exprimeront sur le sida dans les années 1990. Le Premier ministre Lionel Jospin et sa ministre Élisabeth Guigou défendront activement le Pacs en 1998.

La dépénalisation de l'homosexualité

Jusqu'en 1981, l'homosexualité est sévèrement encadrée et des discriminations juridiques à l'égard des individus homosexuels sont encore inscrites dans le droit français. L'âge de la majorité sexuelle est fixé à quinze ans pour les hétérosexuels mais à dix-huit ans pour les gays ; les législations sur les fonctionnaires (qui doivent « être de bonnes mœurs ») et sur les locataires (qui doivent se conduire « en bons pères de famille ») sont implicitement antihomosexuels ; différents contrôles de police, fichages et interdictions de lieux et de films décuplent encore, dans la pratique, l'intolérance du législateur.

Dans la foulée de sa victoire de mai 1981, François Mitterrand confie à Robert Badinter, son ministre de la Justice, le soin de faire abroger les textes homophobes et, pour commencer, de faire voter une loi pour établir une stricte égalité quant à l'âge de la majorité sexuelle (fixé à quinze ans pour tous, à partir de la loi de 1982). En moins d'un an, d'autres ministres du nouveau gouvernement socialiste purgent le droit français de ses autres archaïsmes en matière de mœurs (circulaire Defferre contre le fichage par la police, circulaire Badinter mettant fin aux poursuites du parquet, loi Quillot pour les locataires, révision du code de la fonction publique…). Dès lors, l'individu homosexuel n'est plus discriminé en tant que tel en France (pas plus qu'il n'est d'ailleurs, comme le veut la tradition universaliste française, reconnu en tant que tel). L'égalité républicaine et le refus des différences sont établis. Pour l'individu, mais pas encore pour les couples.

« L'homosexualité doit cesser d'être un délit » : cette petite phrase, pour une part apocryphe, du candidat Mitterrand, prononcée en avril 1981 lors d'un meeting féministe, reste gravée dans toutes les mémoires. Le journal *Gai Pied* lui consacrera sa

couverture (ci-dessous, en juin 1981). Pour une fois cependant, les promesses de campagne seront tenues, les textes homophobes et toutes les discriminations juridiques seront abolis en France. Mais si l'individu homosexuel est enfin égal en droit, les couples gays restent, eux, discriminés.

La bataille du Pacs

Au cours des années 1990, les Gay Pride réunissent donc des foules de plus en plus considérables. Il faut dire que le sida a été le point de cristallisation de cette mobilisation : les hétéros arborent à leur tour le petit ruban rouge et se fondent dans la masse. La Gay Pride devient une grande fête collective, à la fois militante et joyeuse. Presque banale.

Cette banalisation du fait homosexuel s'est trouvée d'abord perturbée, et finalement confirmée, par le débat sur un nouveau projet de loi qui visait à donner un statut aux couples non mariés, hétérosexuels ou homosexuels : le Pacs.

La dépénalisation de 1981 ne concernait en effet que l'individu isolé et les couples gays restaient, sinon illégaux, du moins sans statut juridique clair. Quant à la jurisprudence, elle n'était pas plus progressiste que la loi : la Cour de cassation continuait à considérer que les homosexuels, puisqu'ils ne pouvaient pas se marier, ne pouvaient être considérés comme de véritables concubins !

Au cours de l'épidémie de sida, cette inadaptation du droit, comme de la jurisprudence, avait été la source d'injustices graves : des malades n'avaient pas pu bénéficier de la couverture sociale de leur amant, ni du transfert de bail, certains homosexuels étaient rejetés par la famille de leur ami défunt, sans parler des limites au droit de visite à l'hôpital et des exclusions intolérables aux cérémonies de deuil. Face à ces problèmes concrets, des associations (notamment un Collectif lancé par le militant gay

« Satan l'a voulu, Jospin l'a fait », « Pacs = pédés », « Piège A Cons Social », « Les pédés au bûcher », « Pas de neveux pour les tantouzes » : autant de slogans homophobes véhiculés par la grande manifestation anti-Pacs organisée à Paris à l'appel des associations religieuses et de députés de droite. En tête du cortège de 100 000 personnes, la pasionaria antigays, Christine Boutin (ci-dessus), anime cette coalition disparate au nom de la « famille ».

Jan-Paul Pouliquen) et des députés de gauche (parmi lesquels Jean-Pierre Michel et Jean-Yves Autexier) bâtissent une proposition de loi pour permettre la reconnaissance légale de tous les couples non mariés, quel que soit le sexe des partenaires. Des intellectuels influents, de nombreuses associations gays et des groupes féministes, des partis politiques de gauche aussi s'y rallient peu à peu dans les années 1994-1995, suivis bientôt par d'anciens ministres (Martine Aubry, Élisabeth Guigou, Michel Rocard en 1996). Par cercles concentriques, l'idée d'un statut pour les couples non mariés gagne en audience, et la presse s'en fait un relais efficace jusqu'aux élections législatives de 1997.

Si le Premier ministre Lionel Jospin et sa nouvelle Garde des Sceaux, Élisabeth Guigou, se montrent initialement silencieux, puis hésitants, ils finissent, sous la pression notamment de la députée Catherine

Près de 200 000 personnes répondent à la manifestation anti-Pacs de janvier 1999, lors de la grande Gay Pride du 26 juin (ci-dessus). « Contre l'homophobie et pour le Pacs », affirment les manifestants. Une petite France mesquine et scrogneugneuse d'un côté ; une jeunesse tolérante et joyeuse de l'autre. Fin 1999, le Pacs était voté.

Tasca, d'accepter que soit débattu un nouveau texte baptisé à partir de février 1998, le Pacte civil de solidarité (Pacs). Aide mutuelle et matérielle, imposition commune, sécurité sociale pour l'ayant droit, transfert du bail, droit aux congés, mutation de fonctionnaires, droit au séjour : c'est à autant de questions concrètes que le Pacs propose une solution juridique.

La discussion au Parlement est l'occasion d'un affrontement politique majeur avec la droite – cent vingt heures de débats au Parlement en 1998-1999 en témoignent. Une pasionaria anti-Pacs, la députée UDF Christine Boutin, se fait un nom à cette occasion ; mais après avoir réussi à mettre en minorité la gauche (et surtout à la mettre en fuite lors de ce « Stalingrad politique » du 9 octobre 1998 où les députés socialistes étaient absents du Parlement), elle perd finalement la bataille du Pacs. Car non seulement la loi est adoptée à une large majorité en quatrième lecture le 13 octobre 1999, mais elle est peu à peu comprise par les Français (qui, en 2000, étaient déjà 70 % à y être favorables). En fin de compte, la bataille du Pacs aura été une victoire du volontarisme en politique. Et, du même coup, la tolérance en faveur de l'homosexualité s'en est trouvée renforcée au point d'apparaître comme « une manière acceptable de vivre sa sexualité » pour une majorité de Français (et pour plus de 85 % des jeunes de moins de vingt-quatre ans).

La révolution de l'opinion

Cette confirmation de la reconnaissance du fait homosexuel qu'illustrent les sondages est d'autant plus significative qu'ils dessinent en trente ans une courbe presque parfaite. Quatre chiffres, à eux seuls, résument cette progression constante.

C'est le 22 novembre 1998 que le candidat à la mairie de Paris, Bertrand Delanoë (ci-dessous), effectue son *come out*. Il affirme sur M6 : « Oui, je suis homosexuel. » Un aveu

tranquille. Deux ans et demi plus tard, le 18 mars 2001, il est élu maire de Paris (à gauche, l'Hôtel de Ville le soir de son élection). Peu après, il défilera en tête de la Gay Pride devant près de 500 000 personnes – la plus grande manifestation homosexuelle jamais organisée en France. Entre-temps, le Pacs a été adopté, Paris est devenu l'une des capitales les plus fréquentées par les gays du monde entier, et le *rainbow flag* est présent sur plus de 300 établissements gays parisiens.

À une question de la SOFRES posée régulièrement depuis presque trente ans, l'homosexualité est-elle « une manière acceptable de vivre sa sexualité ? », 24 % des personnes interrogées répondaient par l'affirmative en 1973, 29 % en 1981, 41 % en 1984 : elles sont aujourd'hui 55 %. C'est peu. C'est beaucoup. Ces évolutions françaises ne se retrouvent pas dans tous les pays du monde – tant s'en faut. L'homosexualité reste un crime dans plusieurs pays et les discriminations sont innombrables, y compris dans les lois de certains États américains. Mais le mouvement d'ensemble est probablement irréversible.

Au niveau international d'ailleurs, l'Organisation mondiale de la santé a retiré l'homosexualité de sa liste des « troubles mentaux » (1990), Amnesty International a fini par la reconnaître comme critère de persécution (1991) alors que plusieurs pays ont finalement dépénalisé l'homosexualité au cours des années 1990 : la Russie, la Roumanie et l'Irlande. Quant aux institutions européennes, elles ont multiplié ces dernières années les textes favorables aux homosexuels : deux résolutions du Parlement européen ont recommandé, par exemple, en 1994 et en 1996, de mettre fin à « toute discrimination et/ou inégalité de traitement concernant les homosexuels ». Une étape supplémentaire vers la reconnaissance des droits des gays.

Dans de nombreux États, l'homosexualité reste souvent un délit et parfois un crime. En Égypte, au cours de l'année 2000, vingt-trois hommes ont été arrêtés pour pratique homosexuelle, montrés en public et condamnés à de lourdes peines après un procès inepte (ci-dessus). Pour ces hommes, et pour beaucoup d'autres, la marche des gays vers l'égalité est encore longue.

La longue marche des gays

L'histoire de la mobilisation des homosexuels depuis trente ans offre l'image inédite d'un mouvement immuable quoique longtemps incertain et durablement chaotique : une longue marche des gays vers la reconnaissance.

Cycle accompli, fil rouge majeur, cette histoire, hier inimaginable, a donné naissance à un mouvement qui, en chemin, a traversé nombre de débats idéologiques graves et de retournements politiques inattendus. Ainsi, la question homosexuelle a été reformulée plusieurs fois en trente ans : au début des années 1970, lors de l'apparition de « fronts » révolutionnaires dans une perspective subversive et radicale ; une deuxième fois à la fin des années 1970, avec la lutte contre les discriminations qui frappaient l'individu homosexuel, dans une logique de « droits » ; une nouvelle fois à la fin des années 1980, autour de la question du sida et de la nécessaire mobilisation contre le fléau ; enfin, une dernière fois au cours des années 1990, dans une problématique égalitaire avec le Pacs.

De l'indicible initial de l'homosexualité à l'indicible plus récent du sida, de l'émission de Ménie Grégoire sur « l'homosexualité, ce douloureux problème » au vote définitif du Pacs en 1999, de l'interview retentissante de Guy Hocquenghem dans *Le Nouvel Observateur* aux *rainbow flags*, ces drapeaux qui symbolisent la « fierté gay » sur les bars du Marais, trente années ont passé qui paraissent mille ans. Une boucle est bouclée.

En Arabie saoudite, trois hommes reconnus coupables d'homosexualité ont été décapités en 2002. En Afghanistan, sous le régime des taliban, le sort des gays n'était pas meilleur. En Inde, en 2000, un film lesbien a suscité des émeutes et des cinémas qui le projetaient ont été brûlés. Dans ces pays, comme dans de nombreux autres, la question gay, mais aussi lesbienne, reste hautement problématique. Une identité bannie.

Mais cette intégration réussie ferme une époque plus qu'elle ne clôt le répertoire de la mobilisation homosexuelle. Face à la « communauté » gay, des homosexuels aspirent aujourd'hui à plus d'autonomie et veulent préserver leur liberté ; face aux législations en leur faveur, certains refusent tout cadre légal et revendiquent à nouveau une posture de marginal social ; face à la normalisation, des gays protestent au nom de leur singularité. Quant aux écrivains et cinéastes homosexuels, ils poursuivent leur variation sur le thème, apparemment inépuisable, de l'assimilation et de la différence.

Entre intégration et marginalité, entre normalité et exception, la question homo reste posée. Et les gays continueront sans doute à effectuer des allers-retours entre ce souci d'intégration universaliste (« je suis comme les autres ») et une tentation d'affirmation identitaire pour montrer leur singularité (« je suis différent des autres »). Cette question étant constitutive de l'histoire des minorités, les gays n'ont pas échappé au débat, pas davantage hier, que demain.

Les choses pourtant ont bien changé. Depuis 1968, l'homosexualité, qui reste pour beaucoup un destin, est devenue, pour certains, un choix. Car elle est désormais une « situation » de vie. Non plus un « problème », simplement peut-être,

Trente ans après la « libération » sexuelle, vingt ans après l'apparition du sida, la vie gay a profondément changé. Pourtant quelquefois les continuités frappent autant que les ruptures. Le *rainbow flag*, drapeau arc-en-ciel, demeure l'emblème gay depuis Stonewall. Mais désormais la fierté se porte haut en couleur.

L'homosexuel d'aujourd'hui semble mieux compris, et probablement plus aimé. En France, il a beaucoup perdu de son « destin perturbateur » (Hocquenghem), il n'est plus vraiment « source de désordre » (Jean-Louis Bory). L'« homme blessé » de Patrice Chéreau s'est rangé, « l'être déraciné » chanté par l'écrivain Bernard-Marie Koltès s'est posé et le « Juif errant dragueur », dont parlait Serge Daney, s'est assagi. Droits, intégration, reconnaissance : que de chemin parcouru en trois décennies ! Et que de débats perdus et de combats d'idées gagnés ! De Simone de Beauvoir à Michel Foucault, d'André Baudry à Pasolini, de Ménie Grégoire à Bertrand Delanoë, le monde qui nous entoure a bien changé. Ces images familières, ces figures tutélaires ont accompagné trente ans de libération mais, telles les statues du Commandeur du mouvement homosexuel français, elles continuent à veiller. Car l'histoire du mouvement gay n'est pas achevée et tout n'est pas gagné pour autant. Et puisque la partition de l'après-sida ne fait que commencer, la longue marche des gays reste comme un éternel *work in progress*.

comme le pensait Jean-Louis Bory, une « question ». L'homosexualité oblige les gays à réinventer constamment leur vie, à trouver des repères pour s'orienter en ce monde et ne plus avoir peur « de ne pas faire partie du monde » (Serge Daney). En cela, puisqu'il est désormais possible de décider ou non de la vivre, elle devient en fin de compte, et pour une part, un choix.

Un destin moins problématique, un choix plus assumé, mais aussi un bonheur moins improbable : l'homosexualité pourra-t-elle se vivre désormais sans fierté ni honte. Une sexualité comme une autre ?

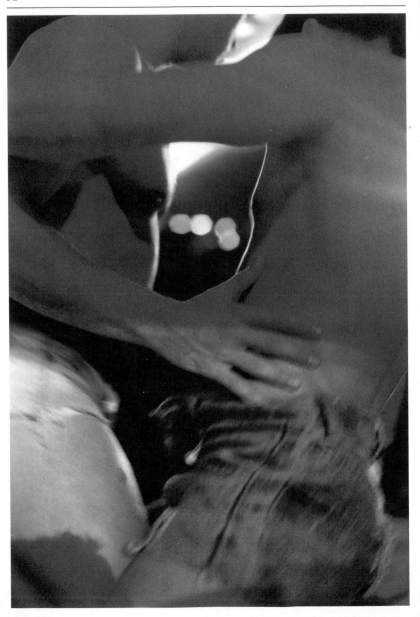

TÉMOIGNAGES
ET DOCUMENTS

Littératures

Dans une lignée qui va de Proust à Yourcenar et relie Gide, Genet ou plus récemment Bernard-Marie Koltès, s'est gravée une certaine mémoire collective des homosexuels. Sous des formes diverses, ces témoignages sont des illustrations de l'histoire non écrite des gays.

Le monde de Proust constitue à lui seul un repère culturel essentiel de l'homosexualité. «Il n'y avait pas d'anormaux quand l'homosexualité était la norme» reste le mot fameux de la Recherche du temps perdu.

Formant une franc-maçonnerie bien plus étendue, plus efficace et moins soupçonnée que celle des loges, car elle repose sur une identité de goûts, de besoins, d'habitudes, de dangers, d'apprentissage, de savoir, de trafic, de glossaire, et dans laquelle les membres mêmes qui souhaitent de ne pas se connaître, aussitôt se reconnaissent à des signes naturels ou de convention, involontaires ou voulus, qui signalent un de ses semblables au mendiant dans le grand seigneur à qui il ferme la portière de sa voiture, au père dans le fiancé de sa fille, à celui qui avait voulu se guérir, se confesser, qui avait à se défendre, dans le médecin, dans le prêtre, dans l'avocat qu'il est allé trouver; tous obligés à protéger leur secret, mais ayant leur part d'un secret des autres que le reste de l'humanité ne soupçonne pas et qui fait qu'à eux les romans d'aventure les plus invraisemblables semblent vrais; [...] partie réprouvée de la collectivité humaine, mais partie importante, soupçonnée là où elle n'est pas, étalée, insolente, impunie là où elle n'est pas devinée; comptant des adhérents partout, dans le peuple, dans l'armée, dans le temple, au bagne, sur le trône; vivant enfin, du moins un grand nombre, dans l'intimité caressante et dangereuse avec les hommes de l'autre race, les provoquant, jouant avec eux à parler de son vice comme s'il n'était pas sien, jeu qui est rendu facile par l'aveuglement ou la fausseté des autres, jeu qui peut se prolonger des années jusqu'au jour du scandale où ces dompteurs sont dévorés. [...] Mais certains, plus pratiques, plus pressés, qui n'ont pas le temps d'aller faire leur marché et de renoncer à la simplification de la vie et à ce gain de temps qui peut résulter de la coopération, se sont fait deux sociétés dont la seconde est composée exclusivement d'être pareils à eux.

Marcel Proust,
Sodome et Gomorrhe I, Gallimard, 1988

Le thème homosexuel est récurrent dans l'œuvre d'André Gide, depuis Corydon *jusqu'aux deux tomes de son* Journal. *Mais son autobiographie,* Si le grain ne meurt, *en constitue le cœur.*

Je sais de reste le tort que je me fais en racontant ceci et ce qui va suivre; je pressens le parti qu'on en pourra tirer contre moi. Mais mon récit n'a raison d'être que véridique. Mettons que c'est par pénitence que je l'écris. [...] Mon éducation puritaine avait fait un monstre des revendications de la chair; comment eussé-je compris, en ce temps, que ma nature se dérobait à la solution la plus généralement admise, autant que mon puritanisme la réprouvait. [...] Au nom de quel Dieu, de quel idéal me défendez-vous de vivre selon ma nature? Et cette nature, où m'entraînerait-elle, si simplement je la suivais? [...] Toujours est-il que j'avais pris mon parti de dissocier le plaisir de l'amour. Puis je m'abandonnai à mon destin, ce qui presque toujours est le plus sage. [...]

[Gide part en Afrique et au cours du voyage se retrouve sur une plage avec son guide.] Celui qui m'accompagna ce jour-là était un tout jeune Arabe à peau brune. Sitôt arrivé là, sur le sable en pente, Ali jette châle et manteau; il s'y jette lui-même, et, tout étendu sur le dos, les bras en croix, commence à me regarder en riant. Je n'étais pas niais au point de ne comprendre pas son invite; toutefois je n'y répondis pas aussitôt. J'attendis! J'admire aujourd'hui ma constance... Mais était-ce bien la curiosité qui me retenait? Je ne sais plus. Le motif secret de nos actes, et j'entends : des plus décisifs, nous échappe; et non seulement dans le souvenir que nous en gardons, mais bien au moment même. Sur le seuil de ce que l'on appelle : péché, hésitais-je encore? Non; j'eusse été trop déçu si l'aventure eût dû se terminer par le triomphe de ma vertu. [...] Mon penchant naturel, que j'étais enfin bien forcé de reconnaître, mais auquel je ne croyais encore pouvoir donner assentiment, s'affirmait dans ma résistance, je l'enforçais à lutter contre, et, désespérant de le pouvoir vaincre, je pensais pouvoir le tourner. [...]

À l'inverse de Pygmalion, il me semblait que dans mes bras la femme devenait statue; ou bien plutôt c'est moi qui me sentais de marbre. Caresses, provocations, rien n'y fit; je restai muet. *[Mais finalement, Gide décide d'épouser Madeleine, sa cousine.]* Nos actes les plus sincères sont aussi les moins calculés; l'explication qu'on en cherche après coup reste vaine. Une fatalité me menait; peut-être aussi le secret besoin de mettre au défi ma nature.

André Gide,
Si le grain ne meurt, Gallimard, 1955

De Jean Genet, inventeur de l'homosexualité «noire», nous reste une trilogie essentielle : Notre-Dame des Fleurs, Miracle de la Rose, Journal du voleur.

Le visage de René est d'abord charmant. La courbe en creux de son nez lui donne un air mutin, sauf qu'inquiète la pâleur plombée de sa figure inquiète. Ses yeux sont durs, ses gestes calmes et sûrs. Dans les tasses [pissotières], il frappe avec tranquillité les pédés, il les fouille, les dévalise, quelquefois il leur donne, comme un coup de grâce, un coup de talon dans la gueule. [...] Maintenant que j'écris je songe à mes amants. Je les voudrais enduits de ma vaseline, de cette douce matière, un peu menthée; je voudrais que baignent leurs muscles dans cette délicate transparence sans quoi leurs plus chers attributs sont moins beaux. [...]. C'est par un chemin bien long que je choisis de rejoindre la vie primitive. Il me faut d'abord la condamnation de ma race. [...] Je faisais connaissance au même instant avec la mort et avec l'amour. [...] Dans les pissotières [...], le manège des pédés me renseignait : ils accomplissaient leur danse, le remarquable mouvement d'un serpent qui ondule, se balance à droite et à gauche, un peu en arrière. [...]

Les Tapettes sont un peuple pâle et bariolé qui végète dans la conscience des braves gens. Jamais elles n'auront droit au grand jour, au véritable soleil. Mais reculées dans ces limbes, elles provoquent les plus curieux désastres annonciateurs de beautés nouvelles. […] Si j'examine ce que j'écrivis j'y distingue aujourd'hui, patiemment poursuivie, une volonté de réhabilitation des êtres, des objets, des sentiments réputés vils. […] La trahison, le vol et l'homosexualité sont les sujets essentiels de ce livre. Un rapport existe entre eux, sinon apparent toujours, du moins me semble-t-il reconnaître une sorte d'échange vasculaire entre mon goût pour la trahison, le vol et mes amours.

Jean Genet,
Journal du voleur, Gallimard, 1949

Marguerite Yourcenar entrant à l'Académie française, le 22 janvier 1981.

Alexis, Hadrien, Antinoüs, Zénon :
les personnages de Marguerite Yourcenar
sont autant de figures décrivant
«l'amour du même, l'amour de l'autre».

Tout autant que la danse des Ménades ou le délire des Corybantes, notre amour nous entraîne dans un univers différent, où il nous est, en d'autres temps, interdit d'accéder, et où nous cessons de nous orienter dès que l'ardeur s'éteint ou que la jouissance se dénoue. Cloué au corps aimé comme un crucifié à sa croix, j'ai appris sur la vie quelques secrets qui déjà s'émoussent dans mon souvenir, par l'effet de la même loi qui veut que le convalescent, guéri, cesse de se retrouver dans les vérités mystérieuses de son mal, que le prisonnier relâché oublie la torture, ou le triomphateur dégrisé la gloire.

J'ai rêvé parfois d'élaborer un système de connaissance humaine basé sur l'érotique, une théorie du contact, où le mystère et la dignité d'autrui consisteraient précisément à offrir au Moi ce point d'appui d'un autre monde. La volupté serait dans cette philosophie une forme plus complète, mais aussi plus spécialisée, de cette approche de l'Autre, une technique de plus mise au service de la connaissance de ce qui n'est pas nous. Dans les rencontres les moins sensuelles, c'est encore dans le contact que l'émotion s'achève ou prend naissance […]. Même les rapports les plus intellectuels ou les plus neutres ont lieu à travers ce système de signaux du corps : le regard soudain éclairci du tribun auquel on explique une manœuvre au matin d'une bataille, le salut impersonnel d'un subalterne que notre passage fige en une attitude d'obéissance, le coup d'œil amical de l'esclave que je remercie parce qu'il m'apporte un plateau, ou, devant le camée grec qu'on lui offre, la moue appréciatrice d'un vieil ami. Avec la plupart des êtres, les plus légers, les plus superficiels de ces contacts suffisent à notre envie, ou même l'excèdent déjà. Qu'ils insistent, se multiplient autour d'une créature unique jusqu'à la cerner tout entière; que chaque parcelle d'un corps se charge pour nous d'autant de significations bouleversantes que les traits d'un visage; qu'un seul être, au lieu de nous inspirer tout au plus de l'irritation, du plaisir, ou de l'ennui, nous hante comme une musique et nous tourmente comme un problème; qu'il passe de la périphérie de notre univers à son centre, nous devienne enfin plus indispensable que nous-mêmes, et l'étonnant prodige a lieu, où je vois bien davantage un envahissement de la chair par l'esprit qu'un simple jeu de la chair.

[...] Je n'ai jamais regardé volontiers dormir ceux que j'aimais; ils se reposaient de moi, je le sais; ils m'échappaient aussi. Et chaque homme a honte de son visage entaché de sommeil. Que de fois, levé de très bonne heure pour étudier ou pour lire, j'ai moi-même rétabli ces oreillers fripés, ces couvertures en désordre, évidences presque obscènes de nos rencontres avec le néant, preuves que chaque nuit nous ne sommes déjà plus...

Marguerite Yourcenar,
Mémoires d'Hadrien, Plon, 1958,
Gallimard, 1974

Dans cette désormais classique pièce de théâtre de Koltès, le désir homosexuel affleure constamment, parmi d'autres thèmes, sans être jamais nommé.

Cependant je n'ai pas, pour vous plaire, de désirs illicites. Mon commerce à moi, je le fais aux heures homologuées du jour, dans les lieux de commerce homologués et illuminés d'éclairage électrique. Peut-être suis-je putain, mais si je le suis, mon bordel n'est pas de ce monde-ci; il s'étale, le mien, à la lumière légale et ferme ses portes le soir, timbré par la loi et éclairé par la lumière électrique, car même la lumière du soleil n'est pas fiable et a des complaisances. Qu'attendez-vous, vous, d'un homme qui ne fait pas un pas qui ne soit homologué et timbré et légal et inondé de lumière électrique dans ses moindres recoins? Et si je suis ici, en parcours, en attente, en suspension, en déplacement, hors-jeu, hors vie, provisoire, pratiquement

absent, pour ainsi dire pas là – car dit-on d'un homme qui traverse l'Atlantique en avion qu'il est à tel moment au Groenland, et l'est-il vraiment? ou au cœur tumultueux de l'océan? – et si j'ai fait un écart, bien que ma ligne droite, du point d'où je viens au point où je vais n'ait pas de raison, aucune, d'être tordue tout à coup, c'est que vous me barrez le chemin, plein d'intentions illicites et de présomptions à mon égard d'intentions illicites. Or sachez que ce qui me répugne le plus au monde, plus même que l'intention illicite, plus que l'activité illicite elle-même, c'est le regard de celui qui vous présume plein d'intentions illicites et familier d'en avoir; non pas seulement à cause de ce regard lui-même, trouble pourtant au point de rendre trouble un torrent de montagne – et votre regard à vous ferait remonter la boue au fond d'un verre d'eau –, mais parce que, du seul poids de ce regard sur moi, la virginité qui est en moi se sent soudain violée, l'innocence coupable, et la ligne droite, censée me mener d'un point lumineux à un autre point lumineux, à cause de vous devient crochue et labyrinthe obscur dans l'obscur territoire où je me suis perdu.

Bernard-Marie Koltès,
Dans la solitude des champs de coton,
Éditions de Minuit, 1986

Bernard-Marie Koltès, qui mourra du sida en 1989.

Figures tutélaires

Si la question homosexuelle reste si complexe, et si souvent discutée, c'est qu'elle a longtemps manqué de théoriciens. Les œuvres de Simone de Beauvoir, de Michel Foucault ou de Hannah Arendt permettent toutefois de guider notre réflexion contemporaine.

Dans sa quête d'un féminisme égalitariste et d'une homosexualité féminine tolérée et tolérante, Le Deuxième Sexe *reste un ouvrage clé.*

On se représente volontiers la lesbienne coiffée d'un feutre sec, le cheveu court, et cravatée; sa virilité serait une anomalie traduisant un déséquilibre hormonal. Rien de plus erroné que cette confusion entre l'invertie et la virago. Il y a beaucoup d'homosexuelles parmi les odalisques, les courtisanes, parmi les femmes les plus délibérément «féminines»; inversement un grand nombre de femmes «masculines» sont des hétérosexuelles. Sexologues et psychiatres confirment ce que suggère l'observation courante : l'immense majorité des «damnées» est constituée exactement comme les autres femmes. Aucun «destin anatomique» ne détermine leur sexualité. […] En tant que «perversion érotique» l'homosexualité féminine fait plutôt sourire; mais, en tant qu'elle implique un mode de vie, elle suscite mépris ou scandale. S'il y a beaucoup de provocation ou d'affectation dans l'attitude des lesbiennes, c'est qu'elles n'ont aucun moyen de vivre leur situation avec naturel : le naturel implique qu'on ne réfléchit pas sur soi, qu'on agit sans se représenter ses actes; mais les conduites d'autrui amènent sans cesse la lesbienne à prendre conscience d'elle-même. C'est seulement si elle est assez âgée ou douée d'un grand prestige social qu'elle pourra aller son chemin avec une tranquille indifférence. […] En vérité l'homosexualité n'est pas plus une perversion délibérée qu'une malédiction fatale. C'est une attitude *choisie en situation*, c'est-à-dire à la fois motivée et librement adoptée. […] C'est pour la femme une manière parmi d'autres de résoudre les problèmes posés par sa condition en général, par sa situation érotique en particulier. Comme toutes les conduites humaines, elle entraînera comédies, déséquilibre, échec, mensonge ou, au contraire, elle sera source d'expériences fécondes, selon qu'elle sera vécue dans la mauvaise foi, la paresse et l'inauthenticité ou dans la lucidité, la générosité et la liberté.

Simone de Beauvoir, «La Lesbienne», *Le Deuxième Sexe*, Gallimard, 1949

L'œuvre du philosophe Michel Foucault offre une véritable «boîte à outils» aux réfléxions contemporaines sur les gays.

Aussi loin que je me souvienne, avoir envie de garçons, c'était avoir envie de relations avec des garçons. Ça a été pour moi toujours quelque chose d'important. Non pas forcément sous la forme du couple, mais comme une question d'existence. […] C'est l'une des concessions que l'on fait aux autres que de ne présenter l'homosexualité que sous la forme d'un plaisir immédiat, de deux jeunes garçons se rencontrant dans la rue, se séduisant d'un regard, se mettant la main aux fesses et s'envoyant en l'air dans le quart d'heure. On a là une espèce d'image proprette de l'homosexualité, qui perd toute virtualité d'inquiétude pour deux raisons : elle répond à un canon rassurant de la beauté, et elle annule tout ce qu'il peut y avoir d'inquiétant dans l'affection, la tendresse, l'amitié, la fidélité, la camaraderie, le compagnonnage, auxquels une société un peu ratissée ne peut pas donner de place sans craindre que ne se forment des alliances, que ne se nouent des lignes de force imprévues. Je pense que c'est cela qui rend « troublante » l'homosexualité : le mode de vie homosexuel beaucoup plus que l'acte sexuel lui-même. Imaginer un acte sexuel qui n'est pas conforme à la loi ou à la nature, ce n'est pas ça qui inquiète les gens. Mais que des individus commencent à s'aimer, voilà le problème. [...] Être gay, c'est, je crois, non pas s'identifier aux traits psychologiques et aux masques visibles de l'homosexuel, mais chercher à définir et à développer un mode de vie.

Michel Foucault,
« De l'amitié comme mode de vie »,
Entretien à *Gai Pied*, avril 1981, Réédité dans *Dits et écrits*, Gallimard, 1994

Dans ce passage célèbre d'Hannah Arendt, la philosophe juive s'intéresse à l'apparente «tolérance» des «salons» européens du XIXe siècle pour l'homosexualité et la judaïté – ce que Proust avant elle décrit avec une merveilleuse ironie. Une «tolérance» qui n'allait pas empêcher les camps.

Si nous avons choisi les salons du faubourg Saint-Germain comme exemple du rôle des Juifs dans une société non juive, c'est qu'il n'exista nulle part ailleurs une société aussi brillante [...]. Ajoutons que Proust lui-même était un représentant exemplaire de cette société, puisqu'il n'était exempt d'aucun des deux «vices» à la mode, que le plus grand «témoin du judaïsme déjudaïsé» rapprocha, en une «comparaison, la plus sombre qui fût jamais émise à l'égard du judaïsme occidental» : le «vice» d'être juif et le «vice» d'être homosexuel, deux «vices» qui devinrent en vérité très semblables dans leur reflet social et dans la réflexion individuelle. [...] Le faubourg Saint-Germain, tel que le décrit Proust, en était au premier stade de cette évolution. Il admettait les invertis parce qu'il se sentait attiré par ce qu'il considérait comme un vice. Proust montre comment M. de Charlus, auparavant toléré «malgré son vice» en considération de son charme personnel et d'un nom ancien, est maintenant porté au zénith social. Il n'avait plus besoin de mener une double vie et de cacher ses relations suspectes; au contraire, on l'encourageait à amener ses amis dans les salons élégants. [...] Il arriva aux Juifs une aventure analogue. [...] Dans un cas comme dans l'autre, la société ne revenait pas du tout sur un préjugé. Elle ne doutait pas un moment que les homosexuels fussent des «criminels» ou les Juifs des «traîtres»; elle ne faisait que réviser son attitude envers le crime et la trahison. L'inconvénient de cette largeur d'esprit n'était pas, bien sûr, que ces aristocrates ne fussent plus horrifiés par les invertis, mais qu'ils ne fussent plus horrifiés par le crime. Ils ne remettaient absolument pas en cause leur jugement conventionnel.

Hannah Arendt,
Sur l'antisémitisme,
Calmann-Lévy, 1973, Seuil, 1984

Paroles militantes

Arcadie *dans les années 1950, l'émission de Ménie Grégoire et* Tout! *en 1971, l'interview de Guy Hocquenghem en 1972, Jean-Louis Bory aux «Dossiers de l'écran» en 1975 : voici quelques-uns des textes du militantisme gay français.*

Arcadie, nouvelle revue littéraire et scientifique, prétend apporter à ce monde de souffrance une paix nouvelle des cœurs et des âmes. [...] Nous voudrions enfin être admis, être étudiés avec objectivité. Nous sommes à côté des autres, autant que les autres. [...] Nous poserons des jalons. Nous ouvrirons nos colonnes à tous ceux qui veulent bien, loyalement, examiner ce qui demeure, après tant de millénaires, une *inquiétude humaine* [...]. *Arcadie* répondra ainsi à beaucoup de détresses, d'inquiétudes, et indirectement, permettra une vie meilleure pour tous, donc, pour la société elle-même. Tels sont nos projets et nos volontés. [...]. [Il y a quelques années] je ne connaissais presque pas d'homophiles. J'ignorais presque tout de leur vie. [...] Le monde homosexuel m'était inconnu, je ne cherchais pas à y pénétrer. J'assumais seulement ma destinée personnelle, libre quoi qu'il en soit, n'ayant jamais refusé ma nature [...]. Comme des milliers d'autres, je n'avais rien fait pour être marqué de ce destin et pourtant, il me fallait le réaliser jour après jour [...]. D'autres me ressemblaient? Qu'étaient-ils? S'acceptaient-ils? Souffraient-ils? Conservaient-ils leur dignité d'homme? Combien étaient-ils? Combien

---

```
Monsieur le Directeur,


Vous m'avez deamandé, au cas où je serais élu Président de
la République, quelles seraient mes positions vis à vis de
l'homosexualité.

Je vous répondrai que je suis contre toutes les oppression
qu'elles soient économique, sociales ou sexuelles, qu'elles
atteignent des groupes sociaux dans leur droit fondamental
à la vie, qu'elles atteignent des individus dans leur réalité
la plus complexe et la plus intime.
J'ai dit aussi, dans le courant de ma campagne, que je recon-
naissais le droit à la différence, et bien entendu le droit à
vivre cette différence.
```

Fac-similé de l'original de la lettre de François Mitterrand à André Baudry, directeur d'*Arcadie*, le 13 mai 1974 (voir le texte inédit de la lettre page 110).

mouraient, silencieux, étouffés?
[C'est pour cela qu'*Arcadie* a été créé].
Ah, je le sais, certains ricaneront, mais, je l'affirme, oui [c'est] un apostolat, un sacerdoce [...]. *Arcadie* n'est pas une «revue» «comme les autres», non parce qu'elle ose parler de ce problème humain, mais parce qu'elle est une *présence*, un réconfort, pour des milliers de créatures [...]. *Arcadie* ne défend pas le vice, ne défend pas la débauche, elle prétend seulement sauver l'homme, et l'aider à assumer sa destinée. [...]
Arcadie veut apporter à chacun des homophiles sincères – et il y en a – une sécurité, une méthode de vie, une amitié.

André Baudry,
Arcadie, n° 1 et n° 3,
janvier et mars 1954

L'émission de Ménie Grégoire

(En direct sur RTL.) **Ménie Grégoire :**
Ici Ménie Grégoire qui vous dit bonjour à tous. Vous entendez la salle Pleyel remplie à craquer et qui fait beaucoup de bruit. [...] Avant de donner la parole aux gens qui connaissent bien la question [de l'homosexualité], je vais essayer de résumer ce que moi, j'ai entendu pendant trois ans et ce que j'ai essayé de comprendre [...]. Je crois qu'on m'a dit trois choses : on m'a dit premièrement que c'est un accident, qu'on ne naît pas comme cela, qu'on ne s'y attendait pas, contrairement à ce qu'on croit, on a dû le devenir, on ne sait pas comment, les gens qui savent vous diront que c'est par un mauvais rapport au monde, représenté souvent par les parents; on m'a dit deuxièmement que tout être humain entre douze et quatorze ans peut se tromper, il passe toujours par une phase où il n'a pas encore choisi, où il est un peu perdu et ça peut arriver à tout le monde;

la troisième chose qu'on m'a dit c'est que la notion de culpabilité, qui est très importante dans ce cas-là, vient de la société [...]. C'est pour cela que je vais poser le problème comme il m'a été posé, comme une chose pas drôle, comme une chose finalement importante et qui peut arriver dans toutes les familles, à tous les enfants de chacun de nous. [...]

(Le débat commence avec plusieurs interventions.)

Un psychanalyste : Dans la plupart du temps, on peut dire que l'homosexualité est un accident et que normalement elle se résoudra.
(Agitation dans la salle.)

Ménie Grégoire : Oui. Autrement dit, il y a des cas où c'est irréversible, même pris très jeune?

(Après d'autres interventions, dont celle des Frères Jacques, Ménie Grégoire reprend une nouvelle fois le micro, dans une ambiance surchauffée.)

Ménie Grégoire : Imaginez que l'homosexualité devienne un modèle social, eh bien, nous ne serions très vite plus reproduits. Il y a tout de même une négation de la vie dans l'homosexualité; je crois que l'on peut répondre cela sans blesser personne. À vous la salle! [...]

Ménie Grégoire : C'est tout de même pas un bien d'être homosexuel. Vous accusez les familles d'avoir rendu les gens homosexuels... et je vous suis totalement, je pense que les familles sont dans le coup [...]. Vous savez bien que les femmes heureuses sont celles qui ont rencontré des hommes qui les ont satisfaites. Évidemment. [...]

Ménie Grégoire : Écoutez, moi je veux dire un mot avant de vous redonner la parole. Je voudrais qu'on pose cette question [...] : l'homosexualité peut-elle être acceptée

26 août 1970 : naissance du MLF lors du dépôt d'une gerbe pour la femme du «soldat inconnu».

comme un modèle par une société? Vraiment, je voudrais tout de même qu'on aille jusque-là. Moi, je réponds : non, ce n'est pas un modèle, je suis toute prête à apporter le respect et la compréhension, mais je n'irai pas jusqu'à dire que ça peut être un modèle social. [...] Monsieur Baudry, qu'on n'a pas encore entendu, de la revue *Arcadie*. (Hurlements dans la salle.)

André Baudry : Je voudrais surtout dire ceci... (Il s'adresse au public.) Mesdames, Messieurs, autour de vous, au milieu de vous, dans votre famille, dans votre entourage professionnel, dans votre village, partout il y a des homophiles que vous ne connaissez pas. Il peut y avoir le préfet de votre département, il peut y avoir le curé de votre paroisse, votre frère... (Bruits dans la salle.) Parfaitement!

Ménie Grégoire (qui crie) : Oh là! Ecoutez, je suis... Je suis un peu désolée des bruits de la salle qui ne nous permettent pas de continuer, vous voyez à quel point le débat est passionné, mais nous continuons quand même bravement, si vous pouvez... [...]

Ménie Grégoire : Vous avez parlé tout à l'heure d'un problème religieux, je voudrais que le père Guinchat... réponde tout de même. [...] Qu'est-ce que vous faites quand on vient vous trouver en vous disant : «Je suis un homosexuel»? Qu'est-ce que vous leur dites? Vous les rassurez aussi?...

Abbé Guinchat : Je suis un petit peu gêné pour répondre à cette question. Comme prêtre, eh bien je fais partie d'une église, et j'essaie d'être fidèle à un Dieu qui a donné un certain modèle de vie, qui n'est pas imposé, mais pour être de la maison, il faut tout de même marcher dans le sens de ce modèle de vie. Après cela, il y a le fait concret. Je rejoins tout ce qui a été dit quand on a parlé de la souffrance de certaines situations. Alors là, moi aussi, j'accueille beaucoup d'homosexuels, mes confrères également, et qui viennent parler de leurs souffrances, cette souffrance-là, on ne peut pas y être insensible...

(À 15 h 35, tout à coup, un immense brouhaha envahit la salle Pleyel.)

Une voix [Anne-Marie Fauret] : Ne parlez plus de votre souffrance...

Ménie Grégoire (reprenant son souffle

10 mars 1971 : la sortie des femmes après l'interruption réussie de l'émission de Ménie Grégoire.

et l'antenne un court instant) : Écoutez, alors là, je dis qu'il y a une chose tout à fait extraordinaire qui se passe, puisque la foule… a envahi la tribune… et que des homosexuels…

Un cri dans le micro [Pierre Hahn] : Liberté! Liberté!

Ménie Grégoire : … des homosexuels de tout ordre, hommes et femmes…

Un autre cri : Nous demandons la liberté pour nous et vous!

Un autre cri : Battez-vous! Battez-vous!

(Un «commando» prend d'assaut la tribune. Des chaises tombent, un homme perd ses lunettes, un autre est renversé, des slogans fusent alors, inaudibles à l'antenne, mais restés célèbres) : Les travestis avec nous! Nous sommes un fléau social! À bas les hétéro-flics! *(L'émission est alors interrompue. Coupure de son, retour au studio. RTL diffuse tout à coup le générique de l'émission :* «La Petite Cantate» *de Barbara.)*

Cité par F. Martel, *Le Rose et le Noir*, Seuil, 1996, nouvelle édition revue et augmentée, 2000

Le numéro 12 de la revue *Tout!*

Adresse à ceux qui se croient normaux : Vous ne vous sentez pas oppresseur […]. Votre société nous a traités comme un fléau social pour l'État, objet de mépris pour les hommes véritables, sujet d'effroi pour les mères de famille. Les mêmes mots qui servent à nous désigner sont vos pires insultes […]. Vous êtes individuellement responsable de l'ignoble mutilation que vous nous avez fait subir en nous reprochant notre désir […]. Nous sommes, avec les femmes, le tapis moral sur lequel vous essuyez votre conscience. Nous disons ici que nous en avons assez, que vous ne nous casserez plus la gueule, parce que nous nous défendrons, que nous pourchasserons votre racisme contre nous jusque dans le langage. Nous dirons plus : nous ne nous contenterons pas de nous défendre, nous allons attaquer. Nous ne sommes pas contre les normaux, mais contre la société normale. Vous demandez : « que pouvons-nous faire pour vous?». Vous ne pouvez rien faire pour nous tant que vous resterez chacun le représentant de la société normale, tant que vous vous refuserez à voir tous les désirs secrets que vous avez refoulés. Vous ne pouvez rien pour nous tant que vous ne faites rien pour vous-mêmes.

Adresse à ceux qui sont comme nous : Vous n'osez pas le dire, vous n'osez peut-être pas vous le dire. Nous étions comme vous il y a quelques mois. Notre front sera ce que vous et nous en ferons. Nous voulons détruire la famille et cette société parce qu'elles nous ont toujours opprimés [...]. Nous ne faisons pas de distinction entre nous. Nous savons que hommes et femmes vivent une oppression différente. Les hommes trahissent la société mâle, les femmes homosexuelles sont aussi opprimées comme femmes. [...] La répression existe à tous les niveaux. Le bourrage de crâne de la propagande hétéro, on la subit depuis l'enfance. Elle a pour but d'extirper notre sexualité et de nous réintégrer dans le bercail NATUREL de la sacro-sainte famille, berceau de la chair à canon et de la plue-value capitaliste et stal-socialiste [...]. Nous revendiquons notre statut de fléau social jusqu'à la destruction complète de tout impérialisme. À bas la société fric des hétéro-flics! À bas la sexualité réduite à la famille procréatrice! Arrêtons de raser les murs!

Tout!, n° 12, 23 avril 1971

Je m'appelle Guy Hocquenghem

J'ai vingt-cinq ans. [...] [Au lycée] j'écrivais mes «Mémoires», et, faute, de comprendre le monde dans lequel je vivais, je cultivais ma sensibilité : j'étais un petit Rimbaud à la manque, un mineur qui cherche à être détourné. [...] Je suis entré «en politique» et je n'en suis plus sorti. Mais je me condamnais du même coup à mener encore une vie

de dédoublé, une vie de schizophrène. D'un côté la vie militante, la révolution. De l'autre, la vie affective, l'homosexualité. Et une hantise permanente : l'idée que ces deux mondes inconciliables se rejoignent. [...] Être un militant, un révolutionnaire, c'était ma façon d'être «normal». Mais du même coup, on m'obligeait à nier le fait que j'étais «pédé». [...] J'étais condamné au mensonge et à la dissimulation. [...] L'homosexualité, c'est ce par quoi j'ai été opprimé. [...] Ne serait-ce pas que le désir de dominer les femmes et la condamnation de l'homosexualité ne font qu'un? Nous sommes tous mutilés dans un domaine que nous savons essentiel à nos vies, celui qu'on appelle le désir sexuel ou l'amour. Certes, le Pakistan ou les usines, c'est plus important. Mais à poser les priorités, on diffère toujours d'aborder les problèmes sur lesquels on peut agir immédiatement. Alors, on peut commencer par essayer de dévoiler ces désirs que tout nous oblige à cacher, car personne ne peut le faire à notre place.

Guy Hocquenghem,
«La Révolution des homosexuels»,
Le Nouvel Observateur, 10 janvier 1972

«Les Dossiers de l'écran»

Je crois qu'il est très important que cette émission [«Les Dossiers de l'écran»] informe. Il y a une réalité homosexuelle et si je suis là, c'est parce que l'homosexualité existe. Je n'avoue pas que je suis homosexuel, parce que je n'en ai pas honte. Je ne proclame pas que je suis homosexuel, parce que je n'en suis pas fier. Je dis que je suis homosexuel, parce que cela est. Je dois ajouter que la composition de cette assemblée [sur le plateau] rend tout à fait compte de l'idée que la société se fait de l'homosexualité […]. Il y a l'Église, il y a les médecins, il y a enfin un parlementaire. L'Église, la Santé et la Loi, c'est-à-dire les piliers de la société. Et les homosexuels sont, je ne dis pas encore dans le box des accusés, mais ils sont en face. […] En second lieu […], il y a une homosexualité féminine. Je regrette que le phallocentrisme bien connu des Français empêche les femmes de s'exprimer [ici] sur le plan de leur sexualité propre. Enfin, la composition de la «délégation» homosexuelle est très révélatrice de l'idée que la plupart des gens se font de l'homosexualité. Peyrefitte, Navarre, Baudry et moi, nous sommes des bourgeois, des bourgeois intellectuels et nous appartenons à cette frange de l'intellectualité bourgeoise qui est artiste. […] Je tiens à dire sans provocation, mais avec fermeté, que cette émission aura rempli son but si l'on informe, avec sérénité, calme et franchise, et surtout si on arrive à ce que tous les téléspectateurs qui sont homosexuels et qui nous regardent se sentent déculpabilisés, et si l'homosexualité cesse à leurs yeux d'être un drame. Je dis que si l'homosexuel est malade, ce n'est pas *par* son homosexualité, c'est dans la condition que la société fait à son homosexualité. C'est cela qui est essentiel. […] Le drame, c'est les conditions que la société fait [au] bonheur [des homosexuels]. C'est-à-dire que la société le rend plus difficile que tout autre. Mais je vous dis encore que l'amour, la vie commune, sont possibles pour les homosexuels. Simplement, ce qui les entoure rend ce bonheur plus héroïque, plus difficile. Il est vrai que la solitude nous menace plus gravement qu'elle ne menace l'hétérosexuel. Il est évident aussi que ne pas avoir d'enfant est quelque chose qui manque […]. C'est un fait, mais le bonheur reste possible.

Jean-Louis Bory,
«Les Dossiers de l'écran»,
Antenne 2, 21 janvier 1975

«Les Dossiers de l'écran» en 1975 : un prêtre, un médecin, un député et, en face à gauche sur la photo, les écrivains homosexuels (et parmi eux Jean-Louis Bory, à gauche).

La reconnaissance politique

La «dépénalisation» de l'homosexualité en 1982 et le vote du PACS en 1999 constituent deux des principales victoires des homosexuels. Les discours de Francois Mitterrand, de Robert Badinter et d'Élisabeth Guigou restent, à ce titre, des illustrations de ces batailles gagnées et de ce combat pour les droits jamais achevé.

Lettre de François Mitterrand à *Arcadie*

Vous m'avez demandé, au cas où je serais élu Président de la République, quelles seraient mes positions vis-à-vis de l'homosexualité. Je vous répondrai que je suis contre toutes les oppressions qu'elles soient économiques, sociales ou sexuelles, qu'elles atteignent des groupes sociaux dans leur droit fondamental à la vie, qu'elles atteignent des individus dans leur réalité la plus complexe et la plus intime. [...] Je n'ignore pas que l'évolution en matière de mœurs peut être lente et que la législation n'est finalement que le reflet de l'évolution d'une société. [...] En ce qui concerne les majorités pénales et légales, je pense, pour ma part, qu'elles devraient être fixées à l'âge de 18 ans, car je considère qu'à cet âge, les jeunes gens sont pleinement responsables dans tous les domaines; c'est la raison pour laquelle je me suis prononcé pour le droit de vote à 18 ans. Vous voyez que tout me sépare de mon adversaire qui lui, contrairement à moi, a voté l'amendement de juillet 1960, déclarant l'homosexualité fléau social.

J'ajouterai, si vous le permettez, que je comprends personnellement le drame que peut constituer pour un jeune homme ou une jeune fille, surtout s'il est d'un milieu modeste, le fait de se sentir rejeté de la société et parfois de ses proches. C'est aussi contre cette discrimination que je combats.

François Mitterrand,
Lettre à André Baudry,
Arcadie, 13 mai 1974, cité par F. Martel,
Le Rose et le Noir, Le Seuil, 1996

Au meeting de l'association féministe Choisir, la journaliste Josyane Savigneau interroge le candidat à la présidence de la République sur la question des mœurs.

François Mitterrand : Personnellement, je n'accepte pas que les attentats [à la pudeur] homosexuels soient réprimés plus sévèrement que les autres, ça me paraît anormal. Il y a là une négation de l'égalité des citoyens devant la loi; nous n'avons pas à nous mêler de juger les mœurs des autres [...].

Revenant aussitôt à la charge, Gisèle Halimi interroge plus directement le candidat : «Sur un point précis, si vous êtes élu, est-ce que l'homosexualité cessera d'être un délit?»

François Mitterrand : Mais absolument… Il n'y a pas de raison de juger le choix, c'est dans la loi de la nature, suivant les goûts, peu importe; le choix de chacun doit être respecté, c'est tout, mais dans le cadre normal des relations d'hommes et de femmes, ou d'hommes entre eux, ou de femmes entre elles, à l'intérieur des lois qui doivent tout de même organiser une société. Mais aucune discrimination en raison de la nature des mœurs, pour moi, cela va de soi. J'en ai pris la responsabilité, mais je sais très bien que si l'on parle de cela au niveau des sondages, je sais très bien quelle réponse me serait faite, mais j'ai pris la responsabilité de l'écrire.

François Mitterrand,
Meeting de l'association Choisir,
Paris, 28 avril 1981
(réédition in *Choisir,
Quel président pour les femmes?*
Réponses de François Mitterrand,
Gallimard, 1981)

De 1789 à 1941 : aucune répression légale de l'homosexualité. Ce n'est cependant pas, historiquement, une ère de laxisme libertin, mais le triomphe de la morale bourgeoise… La justice anglaise s'est-elle trouvée grandie d'avoir condamné Oscar Wilde? En réalité, les législateurs du XIXᵉ siècle savaient fort bien, je n'ose dire par expérience séculaire, que jamais la répression n'avait eu, sur la pratique homosexuelle, la moindre efficacité. Nul ne le savait mieux à cet égard que l'archi-chancelier de l'Empire, Cambacérès, l'un des auteurs du code pénal, et bien connu au Palais-Royal sous le sobriquet de Tante Hurlurette.

[Émaillant son discours de libres emprunts à Michel Foucault et à Jean-Louis Bory et de plaisanteries puisées dans la «mythologie des folles», maintenant grandies au niveau de résistance officielle, Robert Badinter poursuit.]

Il est grand temps de dire ce que la France doit aux homosexuels, comme à tous les autres citoyens, dans tant de domaines.

Robert Badinter,
garde des Sceaux,
Assemblée nationale,
20 décembre 1981
(*Journal officiel*, 21 décembre 1981)

À l'origine, ce sont les associations de personnes homosexuelles qui ont appelé l'attention des parlementaires sur les situations tragiques dans lesquelles ces personnes se trouvaient, notamment lors du décès de leur compagnon. […] Je crois aussi qu'il est de l'intérêt de la société de privilégier la vie à deux qui rompt la solitude trop répandue dans notre société et qui encourage la solidarité plutôt que l'individualisme. […] [Plutôt que de défendre une démarche au coup par coup], le gouvernement et la majorité préfèrent [avec le PACS] une démarche au grand jour qui dise, avec franchise, quelles personnes ces nouveaux droits concernent, dans quelles conditions, et qui ne fasse pas l'impasse de la reconnaissance d'un fait social. Oui, mesdames et messieurs les députés, les homosexuels existent! Oui, il leur arrive de vivre en couple! Oui, des hétérosexuels vivent en couple sans être mariés! Oui, ils ont le droit d'être reconnus par le droit! Oui, ils ont le droit d'être protégés!

Élisabeth Guigou,
garde des Sceaux,
Assemblée nationale,
3 novembre 1998

Contre le sida

L'épidémie du sida a profondément affecté la vie gay. Les manifestes des fondateurs de Aides et Act Up, les récits de Jean-Paul Aron, Hervé Guibert ou le théâtre de Jean-Luc Lagarce auront été autant de tentatives de lutter, collectivement ou plus personnellement, contre la maladie.

Crise du comportement sexuel pour la communauté gaie, le Sida prend de plein fouet majoritairement une population dont la culture s'est récemment édifiée autour des valeurs gymniques, de santé, de jeunesse perpétuées. Nous avons à affronter et institutionnaliser notre rapport à la maladie, l'invalidité et la mort [...]. Les gais n'ont pas pris la mesure des conséquences morales, sociales et légales pour eux. La libération des pratiques sexuelles n'est pas l'alpha et l'oméga de notre identité. Il y a urgence à penser nos formes d'affection jusqu'à la mort, ce que les hétéros ont institutionnalisé depuis longtemps. Je ne retournerai pas mourir chez maman. Nous risquons de nous laisser voler une part essentielle de nos engagements affectifs. Défamilialisons notre mort comme notre sexualité. Les mouvements gais n'offrent que des alternatives sexuelles [...]. Il y a d'autres intensifications affectives à promouvoir au sein de la culture gaie, je dis que c'est un problème culturel, donc il a des aspects psychologiques, matériels et légaux. Il faut les aborder de front. C'est mieux que la panique et la moralisation. Face à une urgence médicale certaine et une crise morale qui est une crise d'identité, je propose un lieu de réflexion, de solidarité et de transformation, voulons-nous le créer?

Lettre adressée à quelques amis par Daniel Defert, en vue de la création de Aides, 25 septembre 1984 cité par F. Martel, *Le Rose et le Noir*, Seuil, 1996

Le fondateur de Aides, Daniel Defert.

De la confrontation si vivante avec la mort, peu à peu, est née une forme de sérénité. [...] Car si j'ai eu de grandes amours, des désirs intenses, je n'ai pas très bien réussi dans la vie, ni l'amour, ni le désir. Je crois cependant que j'ai réussi l'amitié... [...] Ma vérité, c'est que je suis un faisceau de culpabilités dans lequel l'homosexualité pèse lourdement mais pas uniquement. [...] Il faut dire que je me suis toujours senti très différent des autres homosexuels. Mes rapports à la religion, à Dieu, à la famille (capitale et problématique), au mariage, aux enfants, à la sociabilité marginale, ne ressemblent guère à ce que je peux observer dans la société homosexuelle que je fréquente d'ailleurs fort peu. C'était sans doute folie, peut-être inauthenticité, mais je ne me suis jamais senti homosexuel. La maladie seule m'oblige à convenir que j'appartiens existentiellement et socialement à cette catégorie. J'ai nié ma spécificité non pas parce que j'en avais honte mais parce que je n'avais pas le désir d'«en» être. Il y avait en moi une frilosité à faire partie de cette communauté parce que je n'en avais pas la vocation. [...] Je ne serai jamais rasséréné. L'homosexualité n'est pas seulement liée à des contacts physiques ou sentimentaux. Elle commande toute la structure de l'existence. Personne ne peut prétendre vivre la marginalité dans le bonheur. On peut simplement parfois en éprouver une jouissance, je pense l'avoir quelquefois ressentie.

Jean-Paul Aron, «Mon sida»,
Le Nouvel Observateur,
30 octobre 1987

Act Up c'est à la fois un groupe d'action et un groupe de prise de conscience sur le sida. Un groupe qui puisse dire un certain nombre de choses occultées en France, un groupe de pression politique, de pression sur les médias. Nous allons accomplir un travail que personne ne faisait jusqu'à présent. [...] Nous allons le faire, mais avant tout, nous voulons être un groupe de prise de conscience. Parce qu'il n'existe pas en France une communauté homosexuelle en tant que telle. Nous, notre boulot, c'est d'abord de toucher les gais, les lesbiennes, les médias, leur montrer qu'on existe et leur expliquer ce qu'on va faire. Nous devons préparer des actions mais en même temps préparer le terrain. [...] J'ajouterais que ce qui permettra de stopper la crise du sida, ce n'est pas seulement la lutte médicale. C'est aussi la constitution d'une communauté. C'est capital. Les pédés se retrouvent face à un problème comme jamais ils n'en ont connu auparavant. Le sida doit être un catalyseur pour créer une réelle communauté.

Didier Lestrade,
«Act Up, la colère et l'action»,
Gai Pied Hebdo, 14 septembre 1989

Dans À l'ami qui ne m'a pas sauvé la vie, *roman à clé de Guibert, sur le sida, Muzil est Michel Foucault; Stéphane, Max et le Dr Nacier, respectivement Daniel Defert, Frédéric Edelmann et Jean-Florian Mettetal de Aides; Marine, Isabelle Adjani; David, Mathieu L.; Téo, Patrice Chéreau et Bruno, Bernard-Marie Koltès; Willy Rozenbaum apparaît également.*

J'ai eu le sida pendant trois mois... Comme Muzil, j'aurais aimé avoir la force, l'orgueil insensé, la générosité aussi, de ne l'avouer à personne, pour laisser vivre les amitiés libres comme l'air et insouciantes et éternelles. Mais comment faire quand on est épuisé, et que la maladie arrive même à menacer l'amitié? [...] J'ai l'impression de n'avoir plus de rapports intéressants qu'avec les gens qui savent, tout est devenu nul et s'est effondré, sans valeur et sans saveur, tout autour de cette nouvelle, là où elle n'est plus traitée au jour le jour par l'amitié, là où mon refus m'abandonne. [...] Dînant seul à seul avec Muzil, je lui rapportai dès le lendemain l'alarme colportée par Bill. Il se laissa tomber par terre de son canapé, tordu par une quinte de fou rire : «Un cancer qui toucherait exclusivement les homosexuels, non, ce serait trop beau pour être vrai, c'est à mourir de rire!» Il se trouve qu'à cet instant Muzil était déjà contaminé par le rétrovirus [...]. David n'avait peut-être pas compris que soudain, à cause de l'annonce de ma mort, m'avait saisi l'envie d'écrire tous les livres possibles, tous ceux que je n'avais pas encore écrits, au risque de mal les écrire, un livre drôle et méchant, puis un livre philosophique, et de dévorer ces livres presque simultanément dans la marge rétrécie du temps, et de dévorer le temps avec eux, voracement, et d'écrire non seulement les livres de ma maturité anticipée mais aussi, comme des flèches, les livres très lentement mûris de ma vieillesse. [...] L'association humanitaire de Stéphane avait démarré sur les chapeaux de roue, nous avions été les premiers, avec David et Jules, moi par l'intermédiaire du docteur Nacier qui s'y était enrôlé, à cotiser. [...] Le sida devint la raison sociale de nombreuses personnes, leur espoir de positionnement et de reconnaissance publique. [...] Je ressentis une immense pitié pour nous-mêmes. [...] Je découvrais quelque chose de suave et d'ébloui dans l'atrocité [du sida], c'était certes une maladie inexorable, mais elle n'était pas foudroyante, c'était une maladie à paliers, un très long escalier qui menait assurément à la mort mais dont chaque marche représentait un apprentissage sans pareil, c'était une maladie qui donnait le temps de mourir, et qui donnait à la mort le temps de vivre, le temps de découvrir le temps et de découvrir enfin la vie, c'était en quelque sorte une géniale invention moderne que nous avaient transmis ces singes verts d'Afrique. [...] Le sida m'avait permis de faire un bond formidable dans ma vie. [...] Il y a un stade du malheur, même si l'on est athée, où on ne peut plus que prier, ou se dissoudre entièrement. [...] J'avais ce gros livre plat et laborieux sous la main, et, avant même de l'avoir commencé, je savais qu'il serait de toute façon incomplet et bâtard, car je n'avais pas le courage d'affronter sa vraie première phrase, qui me venait aux lèvres, et que je repoussais chaque fois le plus loin possible de moi comme une vraie malédiction, tâchant de l'oublier car elle était la prémonition la plus injuste du monde, car je craignais de la valider par l'écriture : «Il fallait que le malheur nous tombe dessus.» Il le fallait, quelle horreur, pour que mon livre voie le jour.

Hervé Guibert,
À l'ami qui ne m'a pas sauvé la vie,
Gallimard, 1990

Hervé Guibert, avant le sida.

Le *Pays lointain*, de Jean-Luc Lagarce, au festival d'Avignon 2001.

Parallèlement aux pièces de Koltès et aux films de Chéreau, le théâtre de Jean-Luc Lagarce réintroduit, durant les «années sida», le thème de la «famille» dans le monde homosexuel. Cette «famille choisie» rassemble les amants, les ex, les amis, et parfois une femme. Dans cette scène, une de ces «filles à pédé» typiques, Hélène, dialogue avec l'amant mort de son meilleur ami homo.

L'AMANT, MORT DÉJÀ : Et la Famille qu'on voulut se choisir, la famille secrète, celle-là qui parfois ne sait même pas qu'on se la construisit sans bruit.

HÉLÈNE : L'Arrangement. Oui. Jamais on n'en parle. Souvent j'ai pensé à ça, vous et moi, peu à peu, nous nous sommes rencontrés, […] nous nous sommes réunis, nous nous sommes unis les uns aux autres et sans le savoir, nous nous sommes choisis et sans le savoir encore, nous avons construit d'une certaine manière – on verra ça plus loin – nous avons construit d'une certaine manière une famille, celle-là qui est parfaitement la nôtre, là, aujourd'hui, cette sorte de famille que nous formons.

L'AMANT, MORT DÉJÀ : Toi et moi, à cause de celui-ci, nous faisons partie de la même famille. C'est ça que tu dis?

HÉLÈNE : Oui. C'est ça que je dis. J'en ai peur. Toi et moi, que je le veuille ou non, parce que celui-ci que j'ai aimé, aima cet autre qui t'aima toi, et ainsi de suite, toi et moi, nous sommes de la même famille et bien plus famille que famille où je suis née, bien plus famille qu'avec mes frères – j'ai deux frères – mes frères, et ma sœur, celle-là, plus jeune que moi, et mes parents que je ne vois plus, et pour dire encore, que je ne vois plus à cause de vous, si on y réfléchit, à cause de toi aussi, de fait, tu ne crois pas, tu penses n'y être pour rien, mais à cause de toi également, à cause de cette seconde famille choisie, dont je parle, vous tous, là, cette seconde famille choisie ayant dévoré plus ou moins, celle-là, originelle, dont je suis issue […].

L'AMANT, MORT DÉJÀ : Cela me fait très plaisir… […] La même famille, tout ça. Que nous fassions, en quelque sorte, que nous fassions tous deux, tous les deux, en quelque sorte, partie de la même famille. J'aime bien. Cela vient un peu tard, tu en conviendras, mais cela me plaît.

Jean-Luc Lagarce,
Le Pays lointain,
Les Solitaires intempestifs,
collection «Théâtre», 1999

L'état de l'opinion sur l'homosexualité

Depuis trente ans, la compréhension de l'homosexualité par l'opinion publique s'est amplifiée. Si cette tolérance accrue reste fragile et limitée, elle apparaît néanmoins comme une tendance profonde et durable.

Modes de vie, codes amoureux et visibilité militante : les hommes et les femmes homosexuels des années 2000 ne ressemblent guère à leurs aînés. Mais si ces changements sont significatifs, l'évolution parallèle de l'opinion publique à l'égard de l'homosexualité ne l'est pas moins. En trente ans, l'attitude des Français vis-à-vis des gays a considérablement changée et la «tolérance» s'est accrue (tableau ci-dessous). Certes, l'homosexualité divise encore profondément les Français selon leur profession, leur sensibilité politique et, surtout, selon leur âge (tableau ci-contre). Mais le simple fait que cette attitude soit inversement proportionnelle à l'âge de la personne interrogée apparaît comme un facteur positif et laisse augurer d'un avenir moins pessimiste. En pariant sur la confirmation de cette tendance dans les années à venir, on peut faire l'hypothèse que l'accroissement de la «tolérance» à l'égard des gays est une tendance durable de l'opinion publique française. Une «révolution de l'opinion» semble bel et bien en cours.

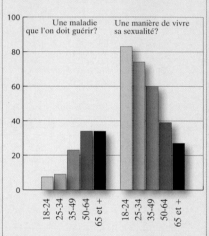

L'acceptation de l'homosexualité en fonction de l'âge (chiffres 1997)
L'homosexualité, est-ce plutôt pour vous :

Une maladie que l'on doit guérir?   Une manière de vivre sa sexualité?

Enquêtes SOFRES, 21-22 juin 1997 sur «les attitudes des Français à l'égard de l'homosexualité» réalisée pour *Le Nouvel Observateur*.

L'opinion de l'homosexualité en fonction de l'âge (chiffres 1973-1997)
L'homosexualité, est-ce plutôt pour vous :

| L'EXPRESS décembre 1973 | ELLE janvier 1981 | GI décembre 1987 | LE NOUVEL OBS octobre 1987 | LE NOUVEL OBS juin 1997 |

Une maladie que l'on doit guérir   Une manière acceptable de vivre sa sexualité
Une perversion sexuelle que l'on doit guérir   Sans opinion

Sur l'ensemble de ces chiffres, voir : F. Martel, «Homosexualité : la révolution de l'opinion», *in* Sofres, *L'État de l'opinion* 1998, Le Seuil, 1998.

BIBLIOGRAPHIE

Ouvrages généraux

Il n'existe pas, ou peu, d'ouvrages de synthèse en français sur l'histoire des gays, et la plupart des essais importants ne sont plus réédités. Aussi, sur l'histoire générale du mouvement gay, la lutte contre le sida et le Pacs, et pour une bibliographie détaillée, je renvoie à mon propre travail : Frédéric Martel, *Le Rose et le Noir, Les homosexuels en France depuis 1968* (coll. «Points/Seuil», 2000).

Ouvrages théoriques classiques

– Simone de Beauvoir, *Le Deuxième Sexe,* Gallimard, 1949 (le manifeste du féminisme moderne).
– Michel Foucault, *La Volonté de savoir,* Gallimard, 1976 (le premier tome de son *Histoire de la sexualité* – inachevée).

Textes fondateurs

– FHAR (collectif), *Rapport contre la normalité,* Champ Libre, 1971 (un document d'époque).
– Jean-Louis Bory, Guy Hocquenghem, *Comment nous appelez-vous déjà?* Calmann-Lévy, 1977 (deux essais qui traduisent des conceptions divergentes de l'homosexualité).
– Guy Hocquenghem, *Le Désir homosexuel,* 1972 et *La Dérive homosexuelle,* Delarge, 1977 (deux ouvrages essentiels, mais datés).

Quelques ouvrages d'histoire spécialisés

– John Boswell, *Christianisme, tolérance sociale et homosexualité. Les Homosexuels en Europe occidentale des débuts de l'ère chrétienne au XIVe siècle,* 1980, Gallimard, 1985 (une étude de référence sur le Moyen Âge).
– Kenneth Dover, *L'Homosexualité grecque,* 1978, La Pensée sauvage, 1982 (une étude classique sur l'Antiquité; en complément, voir le texte de Paul Veyne, «L'Homosexualité à Rome», *in* Georges Duby, *Amour et sexualité en Occident,* «Points/Seuil», 1991).
– Françoise Picq, *Libération des femmes, les années mouvement,* Éditions du Seuil, 1993 (l'histoire la plus sérieuse du MLF).
– Richard Plant, *The Pink Triangle, The Nazi War Against Homosexuals,* New York, H. Holt, 1986 (l'ouvrage de référence sur la déportation des homosexuels, non traduit).
– Florence Tamagne, *Histoire de l'homosexualité en Europe,* Éditions du Seuil, 2000 (un ouvrage précieux sur l'homosexualité à Berlin, Londres et Paris entre 1919 et 1939).

Études gays et lesbiennes

– Didier Eribon, *Réflexions sur la question gay,* Fayard, 1999 (une série de textes érudits, notamment sur Michel Foucault et Walter Pater).
– Dominique Fernandez, *Le Rapt de Ganymède,* Grasset, 1972 (une synthèse sur l'art et l'homosexualité).
– Hans Mayer, *Les Marginaux, Femmes, Juifs et homosexuels dans la littérature contemporaine,* Albin Michel, 1994 (un ouvrage pionnier de critique littéraire).
– Monique Wittig, *La Pensée straight,* Balland, 2001 (recueil de textes radicaux d'une ex-figure lesbienne du MLF qui a tenté de penser «l'hétérosexualité comme régime politique» et défendait l'idée qu'«une lesbienne n'est pas une femme». L'ensemble est daté).

Essais sur le sida

– Jean-Paul Aron, *Mon sida,* Christian Bourgois, 1988 (la réédition de la célèbre interview d'Aron).
– Didier Lestrade, *Act Up, Une histoire,* Denoël, 2000 (l'histoire d'Act Up-Paris vue par son fondateur).
– Michael Pollak, *Les Homosexuels et le sida, Sociologie d'une épidémie,* Métailié, 1988; *Une identité blessée,* Métailié, 1993 (deux ouvrages essentiels du grand sociologue mort du sida).
– Randy Shilts, *And the Band Played on,* New York, St. Martin's Press, 1987 (une histoire passionnante des débuts de la lutte contre le sida aux États-Unis, non traduit).

Quelques ouvrages culturels et singuliers marquants

– Roland Barthes, *Fragments d'un discours amoureux,* Éditions du Seuil, 1977 (un ouvrage déconcertant et splendide); *Incidents,* Éditions du Seuil, 1987 (un récit posthume, et pas forcément voulu par l'auteur, qui dépeint un Barthes sensible, d'une crudité et d'une tristesse insoupçonnées : un témoignage troublant et magnifique d'un homme qui fait «l'épreuve de son délaissement»).
– Patrice Chéreau, Hervé Guibert, *L'Homme blessé,* scénario et notes, Éditions de Minuit, 1983 (pour décrypter ce film essentiel, les notes sont instructives).
– Serge Daney, *Persévérances,* POL, 1994 (un entretien bouleversant où le célèbre critique de cinéma évoque notamment sa manière d'être homosexuel et son rapport au sida).

– Matthieu Galey, *Journal,* Grasset, 1987-1989 (le journal, en deux tomes, d'un critique littéraire mort prématurément).

– Angelo Rinaldi, *Service de presse,* Plon, 1999 (la réédition des chroniques littéraires d'un immense critique tourmenté notamment par les rapports entre la religion et l'homosexualité).

Romans

À la différence des essais, les romans et récits homosexuels sont nombreux et le plus souvent disponibles en poche; je me limite donc ici à une courte sélection subjective, renvoyant encore, pour plus d'informations, à la bibliographie commentée de mon livre : *Le Rose et le Noir.*

– James Baldwin, *La Chambre de Giovanni,* 1956, Rivages, 1997 (un roman classique du grand écrivain noir américain).

– Gilles Barbedette, *Mémoires d'un jeune homme devenu unique,* Gallimard, 1993 (témoignage émouvant sur le sida par un acteur du mouvement gay).

– Djuna Barnes, *Le Bois de la nuit,* 1936, Éditions du Seuil, 1957 (grand roman lesbien).

– William Burroughs, *Garçons sauvages,* 1970, Christian Bourgois, 1973 (avec *Le Festin nu, Les Cités de la nuit écarlate* et *Queer,* l'un des ouvrages classiques sur le sujet : des adolescents pédés et drogués au-delà du bien et du mal).

– Renaud Camus, *Tricks,* 1979, POL, 1988 (un ouvrage qui marqua, à l'époque, un tournant; moins utile aujourd'hui).

– Jean Cocteau, *Le Livre blanc,* 1927 (un livre initialement anonyme mais illustré par l'auteur).

– Copi, *Théâtre complet,* Christian Bourgois, 1986 (voir en particulier les pièces *L'Homosexuel ou la difficulté de s'exprimer*, *Le Frigo* et surtout *Une visite inopportune*).

– René Crevel, *Mon corps et moi*, 1926 (beau texte d'un des surréalistes ouvertement homosexuel qui se suicida).

– Dominique Fernandez, *L'Étoile rose,* Grasset, 1978 (une passion entre deux hommes d'âge différents).

– Edward Morgan Forster, *Maurice,* 1971, Christian Bourgois, 1987 (un roman porté à l'écran par James Ivory).

– Jean Genet, *Notre-Dame des Fleurs,* 1946, *Miracle de la rose,* 1947, *Journal du voleur,* 1948 (disponible en Folio, la trilogie homosexuelle de Genet : son chef-d'œuvre).

– André Gide, *Si le grain ne meurt,* 1920 (marqué par la religion, l'autobiographie de Gide : un grand livre).

– Julien Green, *Jeunes Années*, Éditions du Seuil, 1984 (deux tomes autobiographiques célèbres; voir aussi la belle pièce *Sud*).

– Hervé Guibert, *Fou de Vincent,* Éditions de Minuit, 1989 et *À l'ami qui ne m'a pas sauvé la vie,* Gallimard, 1990 (deux grands romans de Guibert – le second marqua l'entrée fracassante du sida dans la littérature).

– Pierre Herbart, *L'Âge d'or,* Gallimard, 1953 (un beau texte qui a la simplicité de la jeunesse).

– Bernard-Marie Koltès, *La Nuit juste avant les forêts,* Éditions de Minuit, 1988 et *Dans la solitude des champs de coton,* 1986 (deux pièces autour du désir, par le plus grand dramaturge français contemporain).

– Jean-Luc Lagarce, *Le Pays lointain,* Les Solitaires intempestifs, 1999 (une pièce marquante sur le sida et sur l'homosexuel dans ses rapports à sa famille).

– Armistead Maupin, *Chroniques de San Francisco,* 1994, réédition 10/18 (en 6 tomes, la saga californienne populaire à succès).

– Yukio Mishima, *Confession d'un masque,* 1958, Gallimard, 1971 (un hara-kiri dans le sublime).

– Roger Peyrefitte, *Les Amitiés particulières,* 1943, Flammarion, 1951 (un roman initiatique au temps de l'«homophilie»).

– Marcel Proust, *À la recherche du temps perdu,* 1913-1927 (voir notamment «Sodome et Gomorrhe»).

– John Rechy, *Cité de la nuit,* 1963, Gallimard, 1965 (ce livre culte aux États-Unis a marqué un tournant à sa parution).

– Michel Tournier, *Les Météores,* Gallimard, 1975 (le roman de la gémellité).

– Gore Vidal, *Un garçon près de la rivière,* 1949, Rivages, 1999 (un amour adolescent et son souvenir).

– Edmund White, *Un jeune Américain,* 1984, 10/18, 1992 (le premier tome de la trilogie de White).

– Oscar Wilde, *De profundis,* 1897, Stock, 1975 (un texte bouleversant écrit par Wilde depuis sa prison où il était enfermé pour homosexualité).

– Monique Wittig, *L'Opoponax,* Éditions de Minuit, 1964 (un roman caractéristique du style de la future lesbienne radicale).

– Marguerite Yourcenar, *Alexis ou le traité du vain combat,* 1929, Gallimard 1971; *Mémoires d'Hadrien,* Plon, 1951; *L'Œuvre au noir,* Gallimard, 1968 (trois romans majeurs et magnifiques).

Love de Ken Russell, 1971.

Affiche de *Caravaggio* de Derek Jarman, 1986.

FILMOGRAPHIE

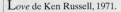

Les films suivis d'une astérisque (*) sont, sur le sujet, les principaux classiques.

1968
*Théorème** de Pier Paolo Pasolini.

1969
*Midnight Cowboy** de John Schlesinger.
Satyricon de Federico Fellini.
Thérèse et Isabelle de Radley Metger.
Flesh de Paul Morrissey et Andy Warhol.

1970
*Les Damnés** de Luchino Visconti.
Love de Ken Russell.
Trash de Paul Morrissey et Andy Warhol.

1971
*Mort à Venise** de Luchino Visconti.
Un dimanche comme les autres de John Schlesinger.
Music Lovers de Ken Russell.
Pink Narcissus de Kenneth Anger.

1972
Cabaret de Bob Fosse.

Le Rempart des biguines de Guy Casaril.
Les Larmes amères de Petra von Kant de Rainer Werner Fassbinder.
Le Dernier Tango à Paris de Bernardo Bertolucci.

1973
Ludwig de Luchino Visconti.
George qui? de Michèle Rosier.

1974
*Le Droit du plus fort** de Rainer Werner Fassbinder.
Une chose très naturelle de Christopher Larkin.
Je, tu, il, elle de Chantal Akerman.
Berlin Harlem de Lothar Lambert.

1975
*Salo ou les 120 journées de Sodome** de Pier Paolo Pasolini.
Violence et Passion de Luchino Visconti.
Mais qu'est-ce qu'elles veulent? de Coline Serreau.

1976
Sebastiane de Derek Jarman.
L'une chante, l'autre pas d'Agnès Varda.

Édouard II de Derek Jarman, 1993.

1977
Une journée particulière d'Ettore Scola.
La Conséquence de Wolfgang Petersen.

1978
La Cage aux folles (I) d'Édouard Molinaro.
L'Année des treize lunes de Rainer Werner
Fassbinder.
Pourquoi pas? de Coline Serreau.

1979
Race d'Ep de Lionel Soukaz et Guy
Hocquenghem.

1980
Pepi, Luci, Bom et les autres filles du quartier
de Pedro Almodovar.
Nijinski de Herbert Ross.

1982
Querelle* de Rainer Werner Fassbinder.
Le Labyrinthe des passions de Pedro
Almodovar.
Victor Victoria de Blake Edwards.
Coup de foudre de Diane Kurys.

1983
L'Homme blessé* de Patrice Chéreau.

Another Country de Marek Kanievska.
La Matiouette d'André Téchiné.
Le Quatrième Homme de Paul Verhoeven.

1984
La Triche de Yannick Bellon.

1985
My Beautiful Laundrette* de Stephen Frears.
Escalier C de Jean-Charles Tacchella.

1986
Tenue de soirée de Bertrand Blier.
La Loi du désir de Pedro Almodovar.
Caravaggio de Derek Jarman.

1987
Maurice* de James Ivory.
Prick up Your Ears* de Stephen Frears.
Les Innocents d'André Téchiné.
Encore de Paul Vecchiali.

1988
Torch Song Trilogy de Paul Bogart.

1990
Un compagnon de longue date
de Norman René.

G*o Fish* de Rose Troche, 1995.

1991
J'embrasse pas d'André Téchiné.
Together Alone de P. J. Castellaneta.
Les Équilibristes de Nico Papatakis.

1992
Les Nuits fauves* de Cyril Collard.
Talons aiguilles de Pedro Almodovar.
Adieu ma concubine de Chen Kaige.
My Own Private Idaho de Gus Van Sant.
Le Ciel de Paris de Michel Béna.

1993
Édouard II de Derek Jarman.
Garçon d'honneur d'Ang Lee.

1994
Les Roseaux sauvages* d'André Téchiné.
Philadelphia* de Jonathan Demme.
Les Soldats de l'espérance
de Roger Spottiswoode.
Fraise et Chocolat de Tomas Gutierrez Alea.

1995
Gazon maudit de Josiane Balasko.
Zéro Patience de John Greyson.
Go Fish de Rose Troche.
Priscilla, folle du désert de Stephen Elliott.

1996
Beautiful Thing de Hettie Max Donald.
N'oublie pas que tu vas mourir
de Xavier Beauvois.
Pédale douce de Gabriel Aghion.
À toute vitesse de Gaël Morel.

1997
Happy together de Wong Kar-wai.
Nettoyage à sec d'Anne Fontaine.
In & Out de Frank Oz.

1998
Ceux qui m'aiment prendront le train*
de Patrice Chéreau.
Jeanne et le garçon formidable
d'Olivier Ducastel et de Jacques Martineau.
L'École de la chair de Benoît Jacquot.

1999
Tout sur ma mère* de Pedro Almodovar.

2000
Presque rien de Sébastien Lifshitz.
Drôle de Félix d'Olivier Ducastel et
de Jacques Martineau.
La Confusion des genres d'Ilan Duran Cohen.
Beau Travail de Claire Denis.

TABLE DES ILLUSTRATIONS

problème», le 10 mars 1971.

109 Jean-Louis Bory pendant l'émission «Les Dossiers de l'écran» consacrée à l'homosexualité, le 21 janvier 1975.

112 Daniel Defert, président de l'association Aides.

114 Portrait d'Hervé Guibert.

115 Scène de la pièce de Jean-Luc Lagarce *Le Pays lointain*, mise en scène François Rancillac, théâtre de la Tempête, le 10 janvier 2001.

119g Scène du film de Ken Russell, *Love*, 1970.

119d Affiche du film de Derek Jarman, *Caravaggio*, 1986.

120 Scène du film de Derek Jarman, *Édouard II*, 1993.

121 Scène du film de Rose Troche, *Go Fish*, 1995.

126 Dick Bogarde et James Fox dans le film de Joseph Losey, *The Servant*, 1963.

INDEX

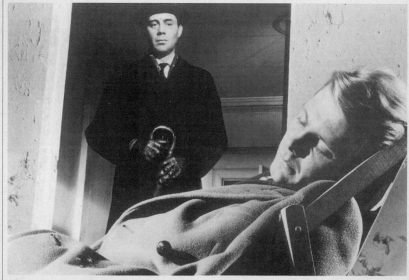

The Servant de Joseph Losey, 1963.

CRÉDITS PHOTOGRAPHIQUES

The Advertising Archive Ltd 75. AFP/Philippe Desmazes 85, 86. AFP/Jack Guez 84. AFP/Gérard Julien-STF Dos, 62. AFP/Olivier Morin 87. AFP/Paul J. Richards 82. AFP/Anna Zieminski 89. AKG 21. AKG/Cameraphoto 14. AKG/John Hios 12. Archives Catherine Deudon/Photo DR. 106. Marc Bessange 128.© Gilberte Brassaï 1. Bridgeman-Giraudon 11, 13, 15, 16, 17. Bridgeman Giraudon/Index 27. CIRIP/Alain Gesgon 35b, 36hd, 74, 75, 79, 81. Coll. Christophe L. 4-5, 22-23, 40-41, 43b, 48, 65, 119g, 119d, 120, 126. Coll. Frédéric Martel/DR 83, 104. © Copi 29. Corbis-Sygma/Pascal Segretain 96. Corbis-Sygma/Thierry Prat 80. Corbis/Underwood § Underwood 24-25. Corbis-Sygma/Pierre Vauthey 100. Corbis/Alison Wright 76-77. Catherine Deudon 107. DR 18-19b, 22, 23, 26b, 30-31h, 33b, 37, 51, 59. Enguerrand/Vincent Pontet 115. © The Estate of Keith Haring 67. Gamma/Bernard Barromes 66. Gamma/Daher 68, 69. Gamma/Christian Vioujard 63. © Nan Goldin 70-71, 72-73. © David Hockney 44. © David Hockney/Photo Steve Oliver 52-53. Getty Images/Hulton Archive/Fox Photos 20. Getty-Images/Hulton Archive/The Observer 32. Imapress/Jean-Olivier Guiblin 50. Keystone 39. Kipa/C. Masson 45. L'Express/M. Giannoulatos 26h, 109. Le Nouvel Observateur/Jean-Pierre Rey 36hg.© Fred McDarrah 30. Magnum/Henri Cartier-Bresson 33h, 97. Magnum Photos/Paul Fusco 94-95. Magnum Photos/Philip Griffiths-Jones 90-91. Magnum/Herbert List 9 .Magnum/Ferdinando Scianna 1er plat. Ministère de la Culture, France/Raymond Voinquel 2, 3. Rapho/Gideon Mendel 57. Rapho/Jeanine Niepce 35h. Rapho/Christopher Pillitz 56. Rapho/Jacques Windenberger 42-43. REA/Tom Craig 46. Reuter/Maxppp/Str 88. Roger-Viollet/Harlingue 18. Rue des Archives 10, 19, 31, 47, 55h, 55b, 60, 121, 126. Elsa Ruiz 101. © Patrick Sarfati 6, 7. SIPA/Cotte 38. SIPA/Sichov 2e plat, 92-93. Stills 49. Time Magazine © Time Inc.28. Vu/J. E. Atwodd 112. Vu/Alain Bizos 54. Vu/Denis Dailleux 58. Vu/Denis Darzacq 61, 96. Vu/Emmanuel Pierrot 78. Vu Distribution/Hans Georg Berger 114.© pour F. Bacon : The estate of Francis Bacon/Adagp, Paris 2002. © pour T. de Lempicka ©Adagp, Paris 2002.

REMERCIEMENTS

L'auteur tient à remercier pour leur aide dans l'écriture de ce livre et pour leur fidélité :
Julien Cazorla, Jean-Loup Champion, Christophe Clergeau, Jean-Luc Eyguesier, Stéphane Foin, Yves Jeuland, Laurent Joder, David Kessler, Renaud Le Gunehec, Anne Lemaire, Frédéric Puigserver et Benny Ziffer.

L'éditeur remercie Julie et Laure Massin, Jean Vigne, la bibliothèque de la Maison des sciences de l'homme et le groupe Illico.

ÉDITION ET FABRICATION

DÉCOUVERTES GALLIMARD
COLLECTION CONÇUE PAR Pierre Marchand.
DIRECTION Elisabeth de Farcy.
COORDINATION ÉDITORIALE Anne Lemaire.
GRAPHISME Alain Gouessant.
PRESSE Béatrice Foti et Pierre Gestède
SUIVI DE PRODUCTION Fabienne Brifault-Dandé
SUIVI DE PARTENARIAT Madeleine Gonçalves.

LA LONGUE MARCHE DES GAYS
MAQUETTE ET MONTAGE Valentina Léporé.
ICONOGRAPHIE Any-Claude Medioni.
LECTURE-CORRECTION Jocelyne Marziou, Catherine Lévine.
PHOTOGRAVURE Turquoise.

Frédéric Martel, écrivain et chercheur, vit actuellement aux États-Unis.
Militant, il fut en France l'un des artisans du PACS.
Sociologue, il s'est imposé comme le spécialiste français
de la libération gay en publiant l'ouvrage de référence :
Le Rose et le Noir, Les homosexuels en France depuis 1968
(Éditions du Seuil, collection « Points/Seuil », 2000).

Pour Julien

*Dépôt légal : mars 2002
Numéro d'édition : 05685
ISBN : 2-07-0763471
Imprimerie Pollina, Luçon : N° L86353*